谷歌团队五法则

グーグルに学ぶ最強のチーム力：
成果を上げ続ける 5 つの法則

［日］桑原晃弥◎著

曹春玲◎译

浙江人民出版社

图书在版编目（CIP）数据

谷歌团队五法则 / (日) 桑原晃弥著；曹春玲译.
-- 杭州：浙江人民出版社，2020.5
　　ISBN 978-7-213-09708-9

Ⅰ.①谷…　Ⅱ.①桑…　②曹…　Ⅲ.①企业管理
—团队管理　Ⅳ.①F272.9

中国版本图书馆CIP数据核字（2020）第049483号

谷歌团队五法则

[日] 桑原晃弥 著　曹春玲 译

出版发行：浙江人民出版社（杭州市体育场路 347 号　邮编：310006）
　　　　　市场部电话：(0571) 85061682　85176516
责任编辑：陈　源　何英娇
营销编辑：陈雯怡　陈芊如
责任校对：陈　春
责任印务：聂绪东
封面设计：Amber Design 琥珀视觉
电脑制版：北京唐人佳悦文化传播有限公司
印　　刷：北京毅峰迅捷印刷有限公司
开　　本：880 毫米 ×1230 毫米　1/32　　　　印　张：5.75
字　　数：103 千字　　　　　　　　　　　插　页：1
版　　次：2020 年 5 月第 1 版　　　　　　印　次：2020 年 5 月第 1 次印刷
书　　号：ISBN 978-7-213-09708-9
定　　价：48.00 元

如发现印装质量问题，影响阅读，请与市场部联系调换。

序言
Google

◎ 因"团队不发挥作用"而苦恼的管理者们

近年来,"管理者不培养人才""团队不发挥作用"等关于管理者不成长的话题不绝于耳。中原淳在《反馈入门》(PHP 研究所)一书中指出,管理者不成长的原因有以下几种:

骤然化(某日,某人骤然成为管理者);

双重身份化(团队成员兼任管理者);

多样化(雇用形式及国籍的多样化);

年轻化(经验不足)。

不论出于哪种原因，都有令人信服的理由，不禁让人感叹："确实是这样啊。"

除了上述因素外，我认为"管理者不成长"的原因也可以归结为"团队不发挥作用，业绩提高不上来"。

以往的管理者会通过指导员工慢慢积累工作经验，让他们成为人才。当今的管理者都比较忙，他们不愿去做这样的事情，所以"管理者不培养人才"也的确是事实。同时，管理者缺乏组织团队达到预期成果的专业知识和丰富经验，这也是"管理者不成长"的重要原因。

尽管最终成为管理者，但他们面临的挑战不是自己能否取得成果，而是如何调动和发挥成员的凝聚力、智慧。"怎样做大家才有凝聚力呢？""怎样做才能发挥大家的智慧呢？""怎样做才能解决研究课题呢？"……许多企业的管理者难免会有这样的苦恼和迷茫。

◎ 谷歌的技术革新

我写作本书的目的有二：一是解决具有上述苦恼

的管理者遇到的管理问题；二是帮助想成为引领团队走向成功的管理者。在这里，我主要通过介绍谷歌公司（简称"谷歌"）的实例，指引他们如何去学习谷歌的企业文化。

谷歌解决了世界上高难度的搜索引擎问题，通过独特的广告商业模式，创办仅6年就公开发行了股票。之后，谷歌开发出了世界上市场占有率第一的移动通信操作系统[①]——安卓操作系统，其股票时价总额也在世界企业排行榜上名列第4位，与亚马逊、苹果、脸书齐名，占到GAFA[②]的一角，是世界级企业巨头。

那么，为什么谷歌创业还不足20年，就能发展如此快速，并成为世界企业巨头呢？因为它是一家"能够实现个人价值的企业"。也就是说，谷歌的企业文化是个人可以通过努力从而实现自我价值。这使

---

① 操作系统（Operation System，简称OS），是管理和控制计算机硬件与软件资源的计算机程序，是直接运行在"裸机"上的最基本的系统软件，任何其他软件都必须在操作系统的支持下运行。

② GAFA是由埃里克·施密特、菲尔·西门、斯科特·加洛威等人提出的概念，即谷歌（Google）、亚马逊（Amazon）、脸书（Facebook）、苹果（Apple）4个美国科技业巨擘的首字母。

得谷歌的工程师们能够充分发挥自己的才能和工作积极性。

谷歌最大的特点之一，是以小团队为主的工作方式，数百个这样的团队各自致力于解决自己的研究课题，不断进行技术革新，从而创造出众多高端、新颖的技术与产品。

◎ 提高团队成果的五大条件

很多 IT 企业认为，只要聚集 A 级别人才，自然就能制造出了不起的产品，即 A 级别产品。也就是说，对企业来说，最重要的是"超级明星"，即优秀人才，只要聚齐了这样的优秀人才，自然就能诞生技术革新的神话。

有一份关于"谷歌团队真的是神话吗"的调查，其结果显示：即使是一群中等水平的员工，若传授给他们正确的协同工作方法，他们甚至能完成连"超级明星"都无法做到的事。

总之，团队取得良好成果的必要条件，并非只有独一无二的优秀人才，还需要管理者践行本书介绍的

"谷歌团队五法则"。

法则一：建立心理安全感（不能让员工感到不安或难为情，而是让他们放心地采取冒险的行动）；

法则二：培养信任感（彼此信任，以便有效利用有限的时间，使得彼此的工作相互依托）；

法则三：具备清晰的组织结构与明确的目标（让员工明确团队目标、角色分配和行动计划）；

法则四：充分理解工作价值（让每个成员都明确自己的角色和工作意义）；

法则五：明晰工作影响力（坚信自己的工作对组织和整个社会都有影响）。

谷歌形成了以上五大法则。虽然谷歌通过"亚里士多德"项目[1]找到了"高效益团队的共同点"，但是，只有管理者正确认识到这些之后，才能更好地进行团队运营。

---

[1] 2012 年，谷歌开始进行代号为"亚里士多德"的项目，着手研究谷歌内部数百个团队，探寻为什么有些团队磕磕绊绊，有些却一飞冲天。谷歌的数据表明，心理安全性对团队的成功极其关键。

管理者认识到这五大法则的重要性，是团队运营成功的关键。实际上，只要这五大法则能够得到具体实施，任何团队都可以创新，都能取得成果。谷歌就是按照这个思路与理念来运营团队的。

◎ 建立一个好团队

也有人认为："这是谷歌才能做到的事情。"其实这样的做法和理念并非谷歌的专利，日本有些企业以前也是这样做的。比如，很多员工在丰田等企业里得到了成长，并取得了成果。

如今，为"团队不发挥作用""管理者不培养人才"等烦恼的人士和企业为数不少，你若阅读此书，可以试着对标核查一下自己的企业做了什么、没做什么。当然，就算企业不能完全按谷歌的方式实施这五大法则，但只要管理者愿意改变一下自己的态度，比如"能听员工把话说完，而不是中途打断员工的话"，等等，就应该能看到团队成员的变化。

但是，这些只是管理者层面可以做的事情，如果企业本身不改变的话，有些事情也是无法做到的。比如，"对待失败的态度"。如果企业文化就是不允许失败的话，无论管理者怎样努力，也不可能引领团队走向更好的道路。也就是说，如果企业希望构建能进行技术创新、能取得良好成果的团队，企业经营者自身也需要改变，要带领自己的企业朝着"允许失败，支持挑战"的文化氛围努力。

目前，日本企业的工作方法面临着巨大转折。不过，仅仅依靠改变工作方法，也很难提升成效。只有提高工作内容和质量，工作方法和结果才会发生变化。为了达到这个目的，我认为大家应学习并掌握本书中提到的"如何建立一支好的团队""如何发挥团队成员的智慧和能力"，以及"如何提高领导者的团队凝聚力"等内容。

可能很多人会说，"这个我早就知道了"或者"说得太迟了吧"。但是，重要的不是"知道了"，而是"要行动"，且"能做到"。

此外，组建优良团队虽是管理者的核心目标，但更需要每个成员都能够清楚地意识到，团队发展的基石是其中的每一个人。

桑原晃弥

目录

Google

第 3 章
引领团队走向成功的法则之二：
培养信任感

第 4 章
引领团队走向成功的法则之三：
具备清晰的组织结构与明确的目标

第 1 章
为什么谷歌可以持续不断地进行技术革新

如果感觉"企业不能持续不断地进行技术革新",请确认公司是否具备以下要素。另外,以下几点都是考虑"持续创新"的重点。

☐ 有明确的企业文化特色吗?

☐ 企业做到保持任务的明确性和忠实性了吗?

☐ 企业容忍员工犯有价值的错误吗?

☐ 企业在吸纳人才时,使其发挥最大能力了吗?

☐ 企业氛围是人人可以谈任何事情吗?

☐ 企业做到聚焦用户、大胆构思了吗?

1. 企业文化的特色

◎ **超越电脑和手机，谷歌进军智能汽车行业**

谷歌诞生于 1998 年 9 月，在斯坦福大学 [①] 攻读博士学位的拉里·佩奇和谢尔盖·布林为了获得精确度更高的检索，展开了有关搜索引擎技术的探索与研发。可以说，谷歌诞生的主要原因之一，就是人们不满足于当时的搜索引擎技术状况。拉里·佩奇和谢尔盖·布林成功研发了令自己满意的搜索引擎，并开始在斯坦福大学内网里使用，他们也由此在学校里名声大振。这为他们之后的创业打下了基础。

---

① 美国斯坦福大学是一所闻名世界的大学，校址在具有悠久历史的弗吉尼亚州，紧邻美国首都华盛顿，与白宫、国会山只有几分钟的车程，拥有深厚的文化底蕴、历史沉淀和知名度，为全球培养了大批优秀人才。

自"世界最好的搜索引擎"诞生并快速成长以来，谷歌在 2004 年 8 月公开发行了股票，到 2017 年，谷歌的总销售额超过 1000 亿美元，时价总额也达到了 7800 亿美元（2019 年 1—6 月），成为世界排行第 4 位的高科技企业。在 IT 界，谷歌与亚马逊、脸书、苹果一同被人们称为 GAFA 企业。另外，谷歌在全球的搜索引擎市场占有率近 90%，提供的面向手机等移动通信器的安卓操作系统的市场占有率达到 70% 以上，与苹果 iOS① 拉开了很大的距离。

当然，除此之外，谷歌还有"谷歌地图""Gmail""谷歌照片"和"谷歌浏览器"，谷歌还为 YouTube② 等企业提供很多服务。对使用 YouTube 的人们来说，视频短片分享等服务项目已经上升到"生活必需品"的层面。

---

① iOS 是由苹果公司开发的手持设备操作系统。iOS 的系统结构分为以下四个层次：核心操作系统层（the Core OS Layer）、核心服务层（the Core Services Layer）、媒体层（the Media Layer）、触摸框架层（the Cocoa Touch Layer）。

② YouTube 是世界上最大的视频网站，主要提供视频短片分享服务。早期公司位于加利福尼亚州的圣布鲁诺。注册于 2005 年 2 月 15 日，由华裔美籍华人陈士骏等人创立。2006 年 11 月，谷歌以 16.5 亿美元收购了 YouTube，并将其作为一家子公司来经营。

虽然我们都知道现在的谷歌很了不起，但是谷歌的潜力依然巨大。即使在竞争激烈的汽车驾驶技术方面，谷歌也占有一席之地。在行车距离测算方面，谷歌旗下的汽车驾驶开发分公司 Waymo[①]已经远远超过美国通用汽车公司[②]（GM）和丰田汽车公司这些大型汽车企业。有专家断言："在汽车驾驶方面，谷歌终将胜利。"这些都说明谷歌拥有世界领先的技术水平。

虽然很难想象将来谷歌在汽车制造方面的利益情况，但是如今全世界的移动通信器几乎都安装了谷歌的安卓操作系统。这不禁让我们联想到，会不会在将来某一天，全球制造出来的汽车都安装谷歌的无人驾驶系统？这是非常值得我们深思的事情。

---

① Waymo 是一家研发自动驾驶汽车的公司，它的愿景是把人或物安全、便捷地送达。作为谷歌旗下的无人驾驶（self-driving）项目，Waymo 的研发工作从 2009 年就开始了，2016 年开始独立运作，经过 8 年的研发和测试，Waymo 已经掌握了所有无人驾驶相关的技术和规则，很快就投入运营了。

② 美国通用汽车公司（General Motors Company，简称 GM）成立于 1908 年 9 月 16 日，自从威廉·杜兰特创建了美国通用汽车公司以来，通用汽车在全球生产和销售包括别克、雪佛兰、凯迪拉克、GMC、五菱、宝骏及霍顿等一系列品牌车型并为其提供服务。2014 年，通用汽车旗下多个品牌全系列车型畅销于全球 120 多个国家和地区。

换而言之，人们驾驶着安装了谷歌无人驾驶系统的汽车，不是在浪费时间，而是在享受生活。一边使用装入谷歌操作系统的移动通信器访问和检索世界各区域的信息，一边驾驶安装了谷歌无人驾驶系统的汽车，这就是谷歌所描述的未来蓝图。

◎ 谷歌像管理大学那样经营管理公司

可以说，谷歌的产品是我们生活中的必需品。那么，仅仅创办了二十余年的谷歌，是如何成为世界上持续不断产生如此影响力的企业的呢？

在社会上，短期内产生很大影响力的企业并不少，但是像谷歌这样经过漫长的岁月仍不断革新技术，对世界持续不断地产生影响力的企业却廖廖无几。有的企业通过成长慢慢走向了稳定，虽然看上去变得庞大了，但是也几乎变得没有吸引力了，也就变成了无趣且没有生机的"大企业"。然而，谷歌却二十余年如一日，即使今天也仍在继续成长，不断创造新的惊喜。谷歌也因其卓越性，获得了"具有工作价值的企业"的称号。

　　我们不禁要问，谷歌究竟是如何做到这些的呢？接下来，我来列举一下谷歌独特的企业文化。

　　拉里·佩奇和谢尔盖·布林在研发卓越的搜索引擎的时候，并没有考虑以这项技术为基础去创办企业，而是以获得博士头衔为目的，只想把这项搜索引擎技术卖给有需要的企业。当时的情况却是，没有任何一家企业对这项搜索引擎技术感兴趣。面对如此状况，他们如何选择已迫在眉睫，是选择退学全力以赴创办企业，还是将其作为副业兼职推进呢？基于种种原因，最终他们决定合伙创办企业。

　　于是，在斯坦福大学附近的门罗·帕克（Menlo Park）市内，他们租借了熟人的两间车库大小的私人地下室，并在入口处悬挂了"谷歌世界总部"的牌子，谷歌就算成立了。

　　那个时候，这两位创业者对给他们开了10万美元支票的安迪·贝托尔斯海姆（太阳微系统公司的创始人之一）说："无人知晓谷歌究竟会发展到什么程度、能有多大规模。"尽管如此，在什么都没有的情况下，他们始终保持着乐观心态："等着瞧吧，我们一定要做出成绩给你们看看。"

换言之，谷歌不是为"赚大钱"而设立的企业，而是仅凭"打造最好搜索引擎"这样单纯的想法而成立的企业，而且，创业的两位都没有任何商业经验。谷歌就是这样一个很接地气的企业，所以也拥有了独特的企业文化。

2003 年，关于谷歌的经营模式，谢尔盖·布林是这样讲的："**我们像管理大学那样经营管理谷歌公司。**"

谷歌的企业理想是："**极力营造令人喜欢的企业文化氛围，员工对公司百分之百地忠心，对工作具有充分的满足感。**"

在这样的企业文化氛围中，员工即使长时间工作，也会觉得是非常快乐的事。如果企业能够营造出充满创造性和朝气蓬勃的环境，员工就会拼命地工作，也会为企业创造出更优秀的产品。两位创业者坚持着最终将利润返还给企业的想法，谷歌也由此营造出被称为"工程师乐园"的独特企业文化环境。

◎ "不合乎常理"恰好与当今时代潮流契合

谷歌的企业理念和工作作风与当今很多企业的经

营管理模式完全不一样，也因此偶尔还会惹恼传统企业经营者。但就目前来看，已经有很多人认识到，谷歌的目标并不是"不合乎常理"的一种想法，而是恰好与当今时代潮流契合的一种美好愿景。

从第二节开始，我将介绍谷歌"打造持续高效团队的做法"的实例，但是，首先不能忽略的是谷歌的企业文化。我们不仅要搞明白谷歌企业文化的具体内涵，还要搞明白"在什么样的价值观下，员工们采取怎样的工作方法才能出成果"。

当今时代，企业为了创新，加大力度改变工作理念、工作方法、工作环境和团队组建方法等显得尤为必要。只有做到这些，企业才会像谷歌一样获得持续的成功。

2．保持任务的明确性和忠实性

◎ 价值观的改变导致出局

我们可以看到，伴随着成功和成长的脚步，许多曾经辉煌的企业逐渐变成了"平凡的大企业"，它们朝着一个令人匪夷所思的方向前进，并可能陷入危险的境地。产生这种现象的原因之一就是价值观的变化。

苹果公司的成功源自史蒂夫·乔布斯对"制造出能给宇宙带来冲击的优秀产品"这一信念的强烈坚持。结果，苹果公司凭借"苹果Ⅱ"和"麦金塔"在计算机界掀起了一场轰轰烈烈的革命。

但是，1985年乔布斯出走，约翰·斯卡利接任首席执行官（CEO）之后，只重视提高销售额和利润，而把研发优秀产品的使命抛之脑后。在这段时间里，虽然苹果公司也取得了辉煌业绩，但是不久之

后，苹果公司就面临着"破产、转让"的危机。直到
1997 年乔布斯复归之后，苹果公司才又迎来了飞跃
性发展的时代。

面对企业困境，乔布斯指出，**问题不是公司的急
速成长，而是价值观的改变。**

最初，苹果公司带来的是"改变世界"的革新产
品，而斯卡利追求把"产品"变成"利益"，所以那
个阶段的苹果公司就变成了没有魅力的企业，开始走
向衰退。

乔布斯曾说：**"（公司发展的）原动力是产品而不
是利益。斯卡利将其反过来，以赚钱为目的，这看起
来或许是一个很小的差异，但是它改变了一切。雇用
谁、让谁升职、在会议上相互间说什么话等，都会让
公司发生变化。"**

乔布斯并不是否定企业利益的重要性，而是认
为，如果公司追求利益至上，就会使一心一意想要为
公司创造优秀产品的 A 级团队成员失望，并遗憾地离
开公司，那么公司创造优良产品的能力和水平也会随
之下降。

◎ 明确使命是全部的行动指南

拉里·佩奇和乔布斯是至交。有时，乔布斯也会给佩奇提一些关于企业现状的建议。虽然不知乔布斯的建议是否有价值，但是佩奇自身展现出的谷歌价值观和对企业未来的展望令世人瞩目。的确，谷歌对企业文化有着坚定的承诺，其使命非常明确——**处理全球网络信息，让这些信息可以被世界各地的人们检索、访问和使用。**

1999 年，风险投资家帕金斯和赛科伊投资公司给佩奇和布林投资了 2500 万美元，并在新闻公告上宣布向谷歌注入资金，布林在公告上添加了这样的内容——**完美的搜索引擎将处理和分析世界上的所有信息并揭示其含义。这就是谷歌的目标。**

从创业开始，佩奇和布林就一直在考虑有关谷歌使命的问题。创业还不足一年，他们就说："想要在最短的时间内获取全球的信息，只需通过谷歌就可以实现。"

通过谷歌创始人在不同时间、不同场合的表述，可以看出，谷歌的使命的核心内容只有两项，那就是"处理和整合全球信息"与"为全世界的人们提供可供自己检索的所需信息"。可见，谷歌的使命并非"世界一流企业"，也不是"为了客户的微笑"这样模棱两可之语。

明确使命的优点是，人们对"或左或右"之类的棘手问题可以立即做出判断，并且人们可以朝着使命的方向不断努力，承担不同的任务，以便随时明确自己"想要做什么"和"将要做什么"。

但是，有时使命也会成为"纸上谈兵"，在行动与使命相距甚远的时候，企业就会迷失方向。实际上，在同为搜索引擎的企业中，因为迷失了方向而被大企业吞并的也确实不在少数。也有一些企业因为广告费收入而迷失了自我，从而忽略了搜索引擎的技术革新与改良。

但是，佩奇和布林没有被这样的诱惑驱使，他们忠实地追求着最初的使命，由此给谷歌带来了成功。

促使谷歌成功的重要因素之一，就是其明确的使命。也可以说，谷歌的成功就是一直传达明确的使命并努力忠于这一使命的结果。

那么，你的团队成员在工作时，有没有将公司使命作为行动指南呢？

3. 犯有价值的错误

◎ 无数次的反复试验至关重要

谷歌认为，创新失败是家常便饭，也在所难免。

"迈向成功唯一的道路就是不停地试错"，这是拉里·佩奇的座右铭。然而，在本应希望革新的企业中，到底有多少企业能够积极地寻找"失败"的原因呢？

有人说，在谷歌发布的产品中，有 35% 已经被结束或暂停。的确，视频共享服务"谷歌视频"中的 YouTube 遭到惨败，其服务已终止；与脸书竞争的"Dodgeball"（基于地理位置的移动社交网络软件供应商）和"Google+"也缩小了规模并陷入了停止运营的危机中；最初针对 Twitter（推特）的"Jaiku"①（微型博客服务商）也很快停止了服务。

这样的失败太多了。尽管如此，谷歌认为，在走向成功的路上，在所有行动中，如果有 50% 左右成功率最好，如果有 10% 左右的产品大受欢迎就算"合格"。

为什么谷歌经历了这么多失败还满不在乎呢？那是因为"多说无用，行动为先"的思考方法在起作用。比如，当有什么好的点子时，一般企业都会抽出时间针对这个好点子进行"做还是不做"的讨论。但是，谷歌的姿态是，"对这样的事情，与其浪费时间讨论，还不如先试着做一做。这样既有认识又有判断，有问题的话也可以及时修正"。

谷歌前 CEO 埃里克·施密特②说："要创造出打

①Jaiku 公司位于芬兰赫尔辛基，正式成立于 2006 年 2 月，该公司的两位创始人分别是 Jyri Engestrom 和 Petteri Koponen。他们的网站服务已经在 2006 年 7 月对外推出，其服务和美国的 Twitter 网站类似。用户可以通过手机、网页等方式提交自己的最新动态，以便让亲人和好友随时了解自己的行踪。

②埃里克·施密特（Eric Emerson Schmidt），谷歌前 CEO、Alphabet 公司（谷歌母公司）前执行董事长，著名电脑工程师。施密特使谷歌从一个单纯的搜索引擎企业，转变为一个为企业提供各种搜索服务的供应商和互联网上最大的广告平台之一，挖掘出了谷歌的巨大商业潜能。

动人心的优秀产品，需要的不是庞大的组织机构，而是不断摸索和进行反复试错。换句话说，速度是促使产品成功的推动力。"

构思阶段怎么可能就有尽善尽美的想法呢？如果一直等到尽善尽美的话，那么落后就是遗憾之事啦。既然如此，一旦有创意，首先就要尽快完成产品，必须先将产品推向世界再重塑，更快、更彻底地迭代。如果不这样行动，很难在不重蹈覆辙的情况下超越当今时代。

有成功就会有失败。如果害怕失败而不开发任何产品，不去挑战任何机会，那还会有创新的可能吗？

也就是说，为了创新，要进行成功和失败的双重挑战，如果遇到问题就马上修改，如果"感觉很勉强"就马上中止或停止。这就是谷歌的风格。

◎ 表扬文化

这里需要引起注意的是，对失败的员工和项目要持什么样的姿态或态度。

在社会上，有的人虽然嘴上鼓励员工"不要害怕失败，要勇于挑战"，但如果员工的挑战失败了，就会批评说，"所以叫你停手啦""因为你多管闲事嘛"，等等。在这样的环境下，怎么会出现敢于挑战的勇士呢?!

谷歌的理念是，**创新或技术革新，必须把握有意义的失败**。

看看拉里·佩奇的做法：践行一个出色的想法，很少有完全以失败而告终的。即使失败了也会留下一些宝贵的、有价值的经验。创意不会因为失败而完全丧失，我们要改变此时的状态，尽可能地借鉴失败的经验。虽然没必要祝福挑战失败的团队，但也不要一味地责难打压他们，而且有必要对敢于挑战的勇士们致敬。

但有的企业会出现这样的情况：有些员工总是观察并评价那些因挑战而失败的员工"事后"的情况。如果失败的员工不得已被降职、解雇，那么想要挑战的员工就会消失。反之，如果能给失败的员工更多挑战机会，企业内就会形成勇于挑战的文化氛围。谷歌为鼓力员工勇于挑战而采取了很多措施，比如"表扬文化"和"70∶20∶10 的资源分配原则"等。

·表扬文化

如果对创意说"不",说一些类似"那样做也是徒劳的""不要多管闲事啊"的话,那么谁还能说出好点子或好创意来呢?换言之,如果一开始就对创意说"是",那么大家就都会积极地考虑"我怎样才能做好"。

·70：20：10 的资源分配原则

在谷歌正在进行的研究项目评定排行榜的"前 100 名"的名单中,"与核心业务有关"的项目占 70%,"开始看到了成功征兆"的项目占 20%,剩下的 10% 是给"虽有失败风险,但一旦成功的话,就能获得巨大回报"的项目的。这样一来,即使担心项目失败,员工也敢于去努力挑战了。

对创新之事,失败是情理之中的,也是不可或缺的。而敢于挑战新事物并善于总结失败经验则是成为创新型企业的决定性因素。

4. 吸纳人才并使其发挥最大能力

◎ 争取"能力 + 团队合作"的人力资源

在 IT 界,"A 级信仰"根深蒂固,不仅限于谷歌。

谷歌认为,如果聚集 A 级别的优秀人才,一起专心致志于项目研发,那么项目的进行一定会很顺利;如果妥协并遗憾地聘用了 B 级别和 C 级别的人才,那么这个企业马上就会陷入危险境地。

正因为如此,企业高层(领导层)从创业阶段开始就应当注意人才的选拔聘用,在此层面绝对不能妥协让步。

谷歌的创业者拉里·佩奇和谢尔盖·布林,从创业开始,在对如何提高企业收益都很迷惘的时候,就聘用志同道合的人,极力打造谷歌的良好企业文化。他们说:"关于人才的选拔聘用,我们会选择在某种意义上和我们有共同想法的人。我们决定只选拔怀揣梦想的人才，这种聘用方针永不改变。"

而与他们比较相近的人才标准是这样的：更重要的是，我们要寻找有才华的人、富有生产力的人、藐视常规的人、具有卓越领导才能的人和风趣的人。与能力相比，我们要躲开利己主义和自我商业性太过强势的人，以及不善于团队合作的人。

通常，有些"能干的人"在判断自己是否能做成某事之后，也会放弃挑战。但是，谷歌希望聘用的是对"不可能"这个词抱有怀疑态度的人，敢于解决并挑战似乎不可能的课题的人，并且能够承担团队合作责任的人。

同时，谷歌很重视学历。员工所读大学的排名如何、大学成绩是否优秀，具有怎样的学位、大学升学SAT①的得分怎样等，都成为其聘用人才最基本的一道关卡。在高中和大学里荒废了学业的人几乎不可能进入谷歌。

---

① SAT（Scholastic Assessment Test），是由美国大学委员会主办的一场考试，其成绩是世界各国高中生申请美国大学入学资格及奖学金的重要参考，SAT 和 ACT（American College Test）都被称为美国高考。

◎ 重视学历却不强调经验

从另一方面来讲，谷歌在选拔人才的过程中发现，人们过去的工作经历和实际业绩对当下的工作几乎起不到什么作用。

在一般的职业招聘中，"工作经历"比"学历"更受重视。以往有过相关工作经历和做出实实在在业绩的人，通常会被优先聘用。但是，谷歌认为丰富的经验反而不利。

对此，拉里·佩奇有这样的考虑，**一个没有经验的人，因为没有以前工作中的预备知识，所以对尝试不同于以往的做法不会有太多抵触情绪。**

在创新上，最重要的是，即使是公认的常识性问题，也要有"这是真的吗"的疑问。但是，经验丰富的人，正因为有丰富的经验和知识储备，会很快区分出"能"与"不能"，对"质疑常识性的问题"和"无惧失败敢于挑战"的洞察力会变得很不敏感。这样的氛围对周围也会造成一定的影响。面对年轻员工本应拿出"试试看吧"的姿态，"经验丰富"的人会说"做了也是徒劳的"，最后反而起到了刹车式的负面作用。

　　谷歌重视"学历"和"能力"，但是并没有强调"经验"。此外，谷歌在招聘人才时还结合了"透彻的个人主义"。对创新和改变世界感兴趣的人正是谷歌在努力招聘的人才。

　　为了招聘这样的优秀人才，谷歌三番五次地与拟聘用人员进行面谈。在面谈中常常使用的方法之一是"坐飞机测试"。

　　面试官们让内定的候选人就"如果在飞机上，有人和您相邻而坐几个小时，您会怎么想"展开讨论。通过客观数据、不同视角，观察内定候选人的具体情况，以了解和把握他们是否适合成为谷歌团队中的一员。因此，谷歌的员工都能够堂堂正正地说"我喜欢同事"。

◎ 招聘不依赖人事部门，从不妥协

　　谷歌为什么如此执着于"选拔聘用"呢？

　　对大多数企业来说，员工的选拔聘用是人事部门的工作。一般情况下，高层领导最多在最终面试环节进行简短的面谈。

与此相反，谷歌则是让"公司全体人员参与选拔聘用"，其中也包括佩奇和布林。在选拔聘用环节，谷歌为什么投入如此大的人力和物力？

其理由是，如果在选拔员工中花费足够多的时间和成本，那么就可以选拔聘用到优秀的人才。正因为佩奇和布林明白这个道理，所以他们更能吸纳优秀的人才来谷歌。

理想的招聘是，招聘比自己更优秀的人才。

但是，在现实工作中，因为担心"选拔聘用如此了不起的人物，自己就不能随意支使或管派他们了。另外，自己的地位是不是也会受到影响"。所以对管理者来说，选拔聘用比较容易支使的人或者还算可以应付的人，已是企业招聘中常见的现象。但是，这样一来，企业的成长也就没什么希望可言了。

谷歌因为一开始就聘用了优秀的人才，所以才能够持续成长。

因此，即使企业处于规模较小的阶段，也必须讲究人才的质量。如果总是做出让步，例如，"人手不够，先聘用这个不太符合要求的人吧"，就会破坏理想的企业文化，甚至企业也无法获得进步。

彼得·德鲁克①强调："企业现今必须考虑聘用的人才将成为明天的管理者之人物。"他甚至还说，企业走向衰退的最初征兆，就是无法吸纳优秀的人才。

事实上，不能为明天培养或预备人才的企业，随着时代的变化终将被社会淘汰。然而，对具有如此重大意义的选拔聘用工作，你知道企业究竟要花费多少时间、多少成本吗？这实在是个不解之谜。确实，无论哪个企业都在做相同的事情，但是，大多数企业都将时间和成本耗费在"召集"应聘者之上，对"选拔"投入的热情还远远未达到谷歌的水平。将招聘工作简单地交给人事部门，只会增加企业用人的风险，招聘的员工可能是面试官的复印版或者看似顺从、好差使的人。

如果真的希望成为一家创新型企业，那么企业就有必要再次研讨检查一下自己的"聘用方法"和"聘用标准"了。

---

① 彼得·德鲁克（Peter F. Drucker，1909 年 11 月 19 日—2005 年 11 月 11 日），出生于维也纳，祖籍荷兰，后移居美国。他是现代管理学之父，其著作影响了数代追求创新及最佳管理实践的学者和企业家们，现在的各类商业管理课程也都深受彼得·德鲁克思想的影响。

◎ 谷歌的聘用制度

作为参考，以下根据《谷歌是如何运营的》（*How Google Works*）来介绍"谷歌的聘用制度"。

要聘用比自己优秀、知识渊博的人。不得聘用学无所成或者不自量力的人。

要聘用能够给团队的研发项目和企业文化带来丰富价值的人。不得聘用这两方面都贡献无望的人。

要聘用积极完成工作的人。不得聘用面对问题只想动口不想动手的人。

要聘用热情饱满、积极主动与充满激情的人。不得聘用只是想找份工作的人。

要聘用给周围带来刺激和能够积极合作的人。不得聘用只喜欢一个人工作、没有团队意识的人。

要聘用紧跟团队、公司脚步并与团队、公司一起成长的人。不得聘用只具有各种知识技能但兴趣面比较狭窄的人。

要聘用多才多艺、具有独特兴趣爱好和有才能的人。不得聘用只会工作却无趣味能力的人。

要聘用有伦理观，并能坦率传达与表述自己想法的人。不得聘用讨价还价（选择有利于自己之事）、想操纵他人的人。

要聘用最合适的人选。不容许任何妥协。

对于谷歌这样的"聘用制度"，我想也许有人会说："因为人家是谷歌，所以才可以这样牛气。"

但是，谷歌从创办之初就已经坚持了这一方针，正因为如此，它才能够成为今天的"谷歌"。即使是现在，谷歌仍然是创新型企业，并延续着这样一个事实。如果在创业阶段就轻易妥协让步的话，就不可能吸纳优秀的人才。而随着企业的壮大，如果"我们不为一家大企业聘用适合的人"，就不可能保住良好的企业文化，员工也不会长期忠于公司的使命。

谷歌对聘用机制的讲究与执着，到如今仍是其作为创新型企业持续发展的重要原因之一。

5. 人人可谈任何事情的组织机构

◎ 信息共享

为了取得卓越的成果，召集优秀的人才是很重要的。但并不是说，只要聚集了优秀的人才就会自然而然地产生创新。关于这一点，史蒂夫·乔布斯认为：**"很多企业优秀人才济济一堂。但最重要的是要有像万有引力那样的东西把他们捆绑起来。"**

虽然大部分企业都有优秀人才，但为什么企业没有开拓创新之举呢？那是因为企业没有营造优秀人才的环境氛围，不知道如何激励优秀人才。总之，为了成为创新型企业，企业要激励优秀人才，让他们最大限度地发挥自己的聪明才智。

为此，谷歌的用心之处就是尽可能地和大家共享所有信息，谷歌的作风是通过"重视珍惜团队"之

举，让员工快速开发出更惊人的东西。而众所周知的
就是被称为"TGIF"[①]的全体员工会议。

在美国，每周四晚上，谷歌通过网络视频连线全
球 6 万名员工，举行会议并进行现场实况转播，只要
是谷歌的员工都可以参加。在直播现场，创业者和总
公司的管理高层，就他们自己本周都在做什么、现在
在考虑什么、新的服务项目能给社会带来怎样的效果
和冲击力，都会跟全体公司员工进行交流，并回答员
工提出的问题。在日本的大企业，我听到员工讲过这
样的话："我没见过我们公司的总经理，也没听过总经
理讲过话。"但是在谷歌，全体员工和睦相处，每周的
直播会议洋溢着欢快的气氛。通过现场直播，谷歌的
员工可以直接听到创业者的想法，这对公司员工来说，
应该是非常有意义的事情，大家也一起度过了一段非
常有意义的时光。

谷歌的这种"信息的共享"甚至涉及向董事会提
交的文件，而这一点在其他很多企业是根本无法想象
的事情。当然，这不是指"所有"的信息，而是"除

---

① 感谢上帝今天是星期五（Thank God it's Friday，简称 TGIF）。

了法律或法规禁止的极少数几件事之外，其他所有东西都是共享的"。员工通过信息共享，当然可以了解和知悉自己公司有关经营管理方面的所有信息。

很多企业为了方便管理，只能从上到下传递信息。这样的想法在谷歌是不存在的，谷歌具有几乎共享一切的姿态。正因为有这样的姿态，在谷歌工作的员工才能在短时间内正确地认识到各种各样事物的本来面貌。

◎ 营造员工自由相识、互动和交流想法的环境

除了这种从上到下的积极沟通之外，员工之间的沟通也很重要。当被问到苹果公司的创新技术诞生于何处时，乔布斯回答："**创意来源于在走廊上突然闪现在脑海中的灵感，对于这种晚上 10 点半浮现于脑海的新点子，我们会马上打电话讨论这个创意。**"

苹果公司的创意并不是由乔布斯一个人的想法产生的。实际上，很多想法是在乔布斯每天与各个团队开会讨论之后才得以诞生的，然后再用于解决实际问题。

谷歌团队的人数虽然也尽量控制在少数范围内，但谷歌的文化氛围不会让员工和团队感到被孤立，谷歌尽可能营造办公室内及组织机构间的活跃交流氛围。员工在彼此交流中，互相激励，培养创造力，从而诞生优秀的东西。这也是谷歌在不断探索并践行的一种理念。

当然，嘈杂的环境会妨碍员工注意力的集中。因此，在公司得到充分激励的员工会有许多"隐蔽之屋"。例如，咖啡厅的小角落、小会议室，还有室外的阳台等比较安静的环境。可以说，谷歌充分给予了员工认真工作的自由空间。

此外，谷歌令人感兴趣的是"距离食物150英尺以内（约45米）"这一规则。

无论员工身在办公室的任何地方，150英尺内都设有咖啡厅、餐厅、厨房、共享空间等有食物的地方。可以说，谷歌是为了员工能快速到达这些地方而设计了办公室。

为什么说这样的事情是必要的呢？因为人们见面次数越多，就越能成为朋友。比如，在咖啡厅喝咖啡的时候，会偶遇和自己工作没有多大关系的人，于是就会问对方"你是干什么的啊",或许通过双方的交流,会得到好的建议,产生好的想法。也就是说,把食物作为"诱饵"营造一个偶然相遇的机会,将员工产生的创意、创新与在这里的交流紧密相连。可以说,谷歌这种考虑方式很独特。

于是,以这样的形式产生了很多想法,紧接着便是去培育这些想法,这就是谷歌的风格。另外,"想法可以从所有的地方产生"也是谷歌的一种理念。

◎ 永远不要让一个念头消失

谷歌的一位工程师,就本公司的风貌(公司的企业文化、企业氛围和习惯等)而言:"在谷歌,员工做自己喜欢的研发项目,是会被'奖励'的,但是,在其他公司员工要做自己喜欢的项目,要得到'许可'才行。谷歌有着让员工的精神与心灵振奋的环境。一旦有人想出什么好点子,总体上大家都会很兴奋,讨论其中的好与坏,议论声不绝于耳。"

有人指出,企业不易开拓创新的理由之一,是即使员工有了优秀的创意,企业对这个创意也没有给予培育的环境，仅仅只是"捡起"了这个创意。也就是说，即使员工想到了好的创意或点子，也向上司提交了企划书，但如果上司对这个好的创意或点子缺乏判断能力，那么这个创意也就没有了下文。大多数企业的情况几乎都是一样的，就是好的创意不知在什么时候"失踪"了。

只有在像谷歌这样的企业里，员工才会快乐地寻求"伟大的想法"和"创新"。然而，某些企业的管理者却把这些好点子的企划书束之高阁，并且还把责任推卸给员工："我们的员工就没有令人满意的创意。"这样的话，谁还愿意考虑创意呢？谁还会真心想去"试试看"呢？

我听说过这样一段佳话，日本的某家企业把办公室里的隔断拆除了，在墙壁上安装了可以自由写出自己创意的白板。有一天，总经理走进办公室，突然注意到了白板上一个创意，然后说道："这个很有趣啊。"之后，这个想法就吸引了人们的眼球，并见闻于世。

为了开发创新，这些无意间冒出来的、没有任何装饰的创意，不论是谁想到的都需要被留意、关注。

不仅如此，还要将其放在平台上供大家讨论，这样的"培育机构"是很必要的。在这样的组织机构和氛围下，每个人都可以自由地讨论想法，这是唯一能够诞生和孕育想法的环境。

创新肯定不是靠指南就能操作的东西。重要的是，大家自由思考，在公司良好的文化氛围中，把产生的这些小小创意放在平台上，好坏想法都可以相互交流。正因为有这样一个用心培育的组织机构，这个创意才能变为可实施的创意。

谷歌认为，出色的创意不仅存在于公司内部，也存在于公司外部，正因为集中并活用了这些创意，才创造出了优秀的产品。在创意面前，人人平等，即使员工犯了一个错误，有权力的人也不能无视他的想法，因为创新是不会在"按我说的去做呀"这样的企业文化环境中产生的。

6. 聚焦用户，大胆构思

至此，关于谷歌为什么会成为持续创新型企业，我已讲述了以上几个要点。接下来，关于谷歌"如何培育持续取得成果的团队"这一主题，我想再讲述几个要点。

◎ 用户决定谁是赢家

不要光盯着竞争对手，要聚焦用户。

大多数企业总是考虑竞争对手的动向，经常会考虑"A 公司做的东西我们公司也要做""B 公司的产品卖得好，所以我们要生产比这个产品更好一点的产品"，这样怎么与竞争对手拉开差距呢？这样不断重复且反复无常，我认为不可能创造出改变世界的创新事物。拉里·佩奇这样说："当然，我们多少也会在意竞争对手。然而，我们重要的工作就是不让我们的员工去考虑竞争对手的事。一般人会考虑已经有的东西，但我们的工作是去考虑那些真正值得关注的东西。"

这并不是说谷歌不重视竞争对手。"如果我们只关心竞争对手，那么我们将无法想到别人没想到的东西，甚至无法尝试做到这一点。那么，我们最初从车库开始拥有的那些完全出乎意料、'不合情理'的想法，差不多就会被全部夺走。"

那么，不关注竞争对手，应该关注哪里呢？当然还是要关注"用户"。

谷歌从创办以来有一个不变的理念，那就是"把关注的焦点集中在用户身上"。

如果忘记这一点，把关注的焦点集中在"广告主""股东"和"华尔街"身上，谷歌很快就会变成与现在完全不同的企业。哪里还会有这样的想法：应始终认为客户和用户是对的，并尝试创建一个适合他们的系统。虽然系统可以更换，但用户不能更换。

拉里·佩奇还说："谁是赢家，由用户来决定。"

谷歌重视的是"用户体验"（用户能否愉快、舒适、有趣地体验产品）。例如，优先考虑用户需要的信息而不是广告主希望在早期提供的信息。这一点是改善用户体验的关键。

但是，这种价值观有时会引发很多产业之间的摩擦，谷歌曾被指责为"破坏者"。当用户寻求的便利性与业界的利害和秩序发生冲突时，谷歌毫不犹豫地优先选择用户，因此 IT 业界批评谷歌，"不要那么快地更新啊""你们打算剥夺我们的利益吗"，等等。尽管如此，谷歌的前 CEO 埃里克·施密特还是以"谁是赢家，用户来决定"为由而绝不让步。

我们应该关注用户，而不是竞争对手，谷歌创新的根本是始终为用户做正确事情的态度。

◎ 以 10 倍规模思考

与"把关注焦点集中到用户身上"同样重要的一点是，不要被短期目标吸引，而要挑战让大家觉得不可能、要花费更多的时间去挑战的大目标。为什么是一个大目标呢？拉里·佩奇说：**"雄心勃勃的梦想更容易让人向前迈进。"**

简单的目标，谁都能挑战，而且还能很快将其变为现实。但是，对佩奇描绘的"处理与组织来自全球各地的信息，让世界上所有人都可以免费访问网络，并让这些信息发挥价值"这样一个不可思议的巨大梦想，原本在心中描绘这样想法的人就少之又少，实际挑战的人更是寥寥无几。也就是说，佩奇挑战的是实现一个少有人选的目标，也正因为竞争对手相对较少，所以才更容易使其成为现实。

确实，朝着目标一点点迈进的渐进方法，虽然风险不大，但是总有一天会被时代淘汰。更不用说在像 IT 业界这样变化无常且变化速度如此之快的行业里，这种变化并不是渐进性的变化，而是偶发的革命性的进化。当进化开始时，所有一切就会变成"遗物"。

为此，谷歌"以 10 倍规模思考"的理念，可以说是创新层面上非常重要的想法。

更大的挑战是吸引具有更大才能的人。当然，在现实中吸引具有更大才能的人需要很长的时间，但是正如亚马逊的杰夫·贝佐斯[①]所说，如果把时间轴延

---

① 杰夫·贝佐斯（Jeff Bezos）， 1964 年 1 月 12 日出生在美国新墨西哥州阿尔布奎克，毕业于美国普林斯顿大学，创办了全球最大的网上书店亚马逊（Amazon），并使其成为经营最成功的电子商务网站之一。1999 年当选《时代》周刊年度人物。2016 年 10 月，《福布斯》发布"美国 400 富豪榜"，杰夫·贝佐斯以 670 亿美元排名第二。2018 年 1 月，他成为有史以来全球最富有的人。

长至 3 年、5 年、7 年、10 年，那么竞争对手就会消失，最终自己也会取得巨大的成功。

对谷歌提出"精彩是不够的"的理念，据说还有这样的补充说法："对谷歌来说，最重要的不是目标，而是初心。"

在谷歌，会把明知道完不成的事情设定为目标。也就是说，谷歌的目标总是放在"被认为是不可能"的事情上，谷歌的目标不是"成为第一"，而是"走得更远"。

关于谷歌设定这样目标的理由，佩奇曾经这样说："当你朝着自己决定的目标迈进时，必须要装一下糊涂。我在大学学到的语录中有这样一句话，'对觉得不可能的事，尽可能以不在乎的样子面对'。这真的是一句很有意义的话。我们应该挑战一下不可能。"

重要的不是挑战"只要稍稍努力一下就能做到的事"，而是"要向着大家觉得不可能的目标坚持不懈地努力"。

当然，要实现这个目标可能要花费非常多的时间，途中也会有很多失败。尽管如此，只要我们毫不退缩继续挑战，就能产生惊人的创新。这就是谷歌的思考方式。

到目前为止，我们接触和了解了谷歌能够持续进行创新的理由和使之成为可能的企业文化。

当然，对大多数企业来说，要做到这一切，也许是很难的事情。但是，要进行创新，我们需要一个没有等级差异的组织，一个对员工保持开放的组织，以及能够积极面对失败的企业文化。

那么，接下来，我试着介绍一下在创新上非常重要的"团队建设"，让大家了解一下谷歌是"如何建立一支能够持续产生成果的团队"的实证案例。这不仅能振兴团队，还能为想发展成创新型组织的企业提供很好的启示。

第 2 章

引领团队走向成功的法则之一：
建立心理安全感

如果感觉"团队不发挥作用"了，请确认团队是否有以下的行为特征。另外，以下几点都是考虑"心理安全感"的重点。

□ 成员讲的话你听到最后了吗？

□ 你给全体成员平等的发言机会了吗？

□ 成员发言结束后，你对其内容概括归纳了吗？

□ 你对成员提出的反对意见感觉很不错吗？

□ 成员在讲话的时候，你做记录并点头示意了吗？

□ 你对报忧不报喜的员工心存感激吗？

□ 面对工作失败的员工，你和他们一起讨论善后处理之事了吗？

1. 建设高效率团队需要什么

◎ 用科学的眼光分析高效率团队的特征

谷歌的企业特征就是持续不断地产生创新，其在快速成长的同时，还被评为"有工作价值的企业"。

同为创新企业，亚马逊却经常被称为"强迫员工进行艰苦工作的企业"，生产了先进的高性能电动汽车的特斯拉也是一样。众多企业总是受到诸如"工作时间长""离职率高"的批判，为何只有谷歌例外呢？

虽然也有人提出这是因为谷歌的福利待遇绝对优厚，但也并非仅仅如此。在当今时代，能让员工说出自己的企业是"乐于为之工作的企业"并非易事。

那么，谷歌的魅力是什么？公司强大的秘密又是什么？谷歌的秘诀就是"珍惜爱护团队"。

创立苹果公司的史蒂夫·乔布斯很早就说明了

"少数人团队"的作用。如今，不仅 IT 企业，美国大多数企业都已经以这样的团队为中心了。他们认为只有拥有强大团队的企业才能产生各种各样的创新，才能创造出成果。

根据某风险投资家所言，当今时代，"不是金钱不足，而是优秀团队不足"。如果是这样的话，怎样培养出优秀的团队已成为很多企业关心的事。

谷歌也是如此，"提高团队能力的管理者的特征""高效率团队的五大特征"等，就是在极具谷歌风格的努力中被启发出来的。

谷歌是"工程师的乐园"，在这里，"证据或迹象"（科学根据）比什么都受重视。谷歌不会只因为某个权威者说了什么，某个顾问说了什么就不加理解地盲目相信。谷歌的基本精神是对人们认为常识性的东西，即使在让人可以放心的状态下也要抱有疑问。

而致力于这样的课题进行科学分析的团队是谷歌人力资源管理部门之一的"人力资源分析①部门"。该部门的工作有诸如"分析出了将产假从 12 周增加

---

① 人力资源分析（people analytics），是一门运用与人相关的数据（或人事数据）从个体、团队或公司层面帮助企业实现最大产出的技术或学科。

到 18 周，会使分娩妇女的离职率降低 50%""面试只需要进行 4 次就足够了"，等等。根据这些数据我们可以知道，谷歌进行各种调查的目的是为了改善公司状况并显著提高生产力。可以说，是这些科学数据让谷歌接受并认可了各种建议。

◎ 只要运用得当，普通成员也能取得惊人成果

该部门推出了"提高团队能力的管理者的特征"和"高效率团队的五大特征"（即谷歌团队五法则）两个内容。

"提高团队能力的管理者的特征"的 8 项指标如下：

①好教练（优秀指导者）；

②强化团队管理，不进行微观管理[①]（不过度监管

---

① 微观管理（micro-management），在这种手法里，管理者通过对被管理者（员工）的密切观察及操控，使被管理者达成管理者所指定的工作。相对于一般管理者只对较小型的工作给予一般的指示，微观管理者会监视及评核每一个步骤。在实际工作中应避免过度的微观管理，把管理的重点放在那些需要改进的地方。这个名词一般在使用上带有负面的意思。

和干预）；

　　③团队成员对保持健康和取得成果抱有浓厚的兴趣；

　　④坚持生产率的绩效主义；

　　⑤是团队里比较好的倾听者，能与成员活跃地进行交流；

　　⑥帮助团队成员制定职业生涯规划；

　　⑦帮助团队制定明确的远景展望和战略规划；

　　⑧能给团队成员提供专业性技术和知识层面的建议。

　　这8个指标中"好教练"（优秀指导者）特别受重视，由这样的领导来带领团队，团队才能团结一致，企业成果才会有惊人的提高。

　　那么，这样的领导在团队经营管理上应该注意些什么呢？根据谷歌的调查，我们明确了"高效率团队的五大特征"，具体如下：

　　①团队成员的"心理安全感"很高；

　　②成员对团队的"信任感"很高；

　　③团队的"组织结构"更加"明了"；

　　④在团队的工作中能发现"价值"；

⑤考虑团队工作给社会带来的"影响"。

这五大特征对"团队建设"来说非常重要，同时这也是谷歌的结论。

在此还需要关注的是，谷歌前人事管理部长拉斯洛·博克[1]在某次举办的活动中，对数千名员工（其他员工通过录像收看）讲道："从这次调查中了解到的最重要的事情是，从很多方面看，团队建设的关键是团队的工作方式，而不是团队的人。"

说到"组建优秀团队"，很容易让人想到"聚集优秀成员"，但是博克有以下这样的判断：**每个人都相信神话，一个需要超级明星的神话。但是我们调查得出的结果并非如此，如果把团队的成员集中到一起，传授给他们共同工作的正确方法，他们就可以完成连超级明星都做不到的事。"**

这似乎与第 1 章中讲的"为了获得优秀的人才而

---

[1] 拉斯洛·博克（Laszlo Bock），波莫纳学院国际关系学学士、耶鲁大学工商管理学硕士，谷歌首席人才官，每年处理 200 万份以上的应聘简历，负责为谷歌招募、培养并留住优秀谷歌人才。在拉斯洛的任期内，谷歌已在各个国家的各种颁奖中超过 100 次被评为"最佳雇主"。

执着于选拔聘用"相矛盾，但重要的是，即使聚集了超级明星，也不一定会有什么了不起的事情发生。譬如，相互协作不好的超级明星团队是零散不统一的，那产生创新之事还有可能吗？反过来看，如果聚集了有共同价值观的团队成员，并且他们擅长于团队合作，都是想改变世界的人，那么他们就能够超越超级明星，提高企业的业绩。总之，应该执着的不是依赖超级明星的团队，而是凝聚好的成员、实施好的团队运营。这就是谷歌的想法。

彼得·德鲁克也讲过这样的话。

"团队要取得成果，成员只需要一般的能力就足够了。"

"组织的优劣在于，是否能让平凡的人成就非凡的事。"

换句话说，谷歌发现的并不是"谁当团队成员"，成员里是否有超级明星，而是如何让能力一般的成员组成团队，之后再取得出色的成果。

谷歌"团队建设"的目的，就是能使团队成为有良好企业文化和组织作风的团队。

但是，就算是还没有做到这一点的企业，只要学习谷歌发掘出的"高效率团队的五大特征"，并且积极去实践，就能打造出优秀的团队，就能"更好地提高生产效率"。

　　在这五大特征中最重要的还是"心理安全感"。以下将对提高"心理安全感"的方法进行详细解说，其他四个特征留在后面几章逐一进行说明。

2. 成为建立员工心理安全感的领导

◎ **领导要听完员工讲话，不能中途打断**

为了凝聚团队力量、发挥团队成员的聪明才智，全体成员没有必要为自己的行为感到不安和羞耻，而要采取有风险的行动。在此，最重要的一点，就是团队的全体成员能否把自己的意见说得"有鼻子有眼儿"，以及大家能否细心倾听完这个意见。

如果团队中有一个人刚刚说出某个创意或想法，领导或比他先入职的员工反驳说"怎么可能用得上呢"，或者大喝一声"别废话了，按我说的去做就好了"，那结果会怎么样呢？成员的信心受挫，日后还能想出什么好点子呢？更不用说还有想要将创意说出口的其他人的心情了。在此状况下，员工能有心理安全感吗？

谷歌要为员工创造一个具有心理安全感的环境，对此，有一份针对领导层面的行动一览表，其中一项内容就是"讨论的时候，领导不要打断团队伙伴的发言"。

其理由是，如果领导打断了成员发言，那么其他成员也会模仿领导，满不在乎地打断别人的话。结果，"大家自由发表自己的意见"，以及"听完别人讲话之后再发表意见"这样具有心理安全感的企业文化就被破坏了。

为了避免这种情况，领导们必须遵循以下 5 种态度：

①在讨论的时候不能打断成员的发言，直到听完成员的发言为止；

②为表示自己在认真听，最后要概括其发言的内容；

③不懂不要装懂，要坦率面对、承认；

④每人至少有一次发言机会，否则会议不能结束（全体成员的名单就放在领导手里，每当有人发言时，就做个记号，直到每位员工都发言为止方可结束会议）；

⑤确保每个人都公开讨论，不要无视、分散或阻

止团队内部的意见冲突。

◎ 有人倾听才可滋生创意

如果领导能好好地把关并遵守这样的原则，成员才会有以下这样的想法——

"在这里，可以无所顾忌地说出自己的意见。"

"在这里，大家都听取自己的意见，所以自己也必须认真听取大家的意见。"

如果团队全体成员都有这样的感觉，那么团队就有了心理安全感的工作环境，大家独立思考，毫不掩饰地说出自己的想法，汇集大家的智慧，就会产生更了不起的创意。

如果在工厂等地方防范重大事故于未然，就要收集"有可能引起重大事故的失误"（即使没有酿成事故，但有可能与事故直接相关的案例），并逐一改善，这样才有效。比如，某公共交通机关曾下达指示，希望司机们在开车时注意到比如"这里是很危险的""在这里开车时需要高超的技术"等问题时，一定都要向上汇报。

可是，过了几个月都没有人提交任何报告。为什么呢？公司调查了其中的原因，原来，以前公司的司机和乘务员们已经主动向上司汇报过关于"危险"的事项，不过，上司只是听听而已，没有提出任何对策。

结果，在司机和乘务员之间就产生了一种负能量的氛围，即"在我们公司，无论你提出什么建议，上司都是无动于衷的，光说说是没用的"，或者"如果因为自己提出了什么而令对方烦恼或者被对方盯上，那么什么都不说是最好的"。如此，在"希望员工向公司汇报"这一操作系统里，即使公司下达了指示，也没有人相信。

也就是说，无论信息还是创意，只有领导层都认真听取，并积极有效地利用这些信息和创意，员工才会认真地去思考，才会好好地讲出来。

在很多企业中，经常会有人抱怨"我们公司没有提出改善建议"，但实际上这也是一种企业文化氛围，这是公司高层人士"不认真听取员工意见"的态度所导致的。

如今，前文提到的公共交通机关正从司机和乘务员们提到的"这里是很危险的""在这里开车时需要高超的技术"等信息中反省，对由某些危险因素导致碰车撞车的情况，第二天会全部写在纸上贴在公司走廊的墙上。然后在此基础上立即采取措施，对比较耗费时间和精力的事件会明确写明"现在正在研究讨论，什么时候会得出结论"等。

据说这就是"险象环生的可视化马路"，上司通过采取"认真听取，斟酌对策"的态度，可以从员工那里获得更多信息，从而使企业的安全举措一气呵成并不断推进。

虽然这只是某家企业的例子，但其实对所有团队都一样，因为"仔细倾听"能够激发团队成员的干劲，让大家有了"也想说一说自己的意见"的心情。

◎ 想得到 1 条有价值的信息就要做好先听 9 条无用信息的准备

成员们在说话的时候，领导应该叫"停一下"插嘴打断，还是把员工的话听到最后？或者，在成员们说话的时候，领导应该摆出一副十分无聊的表情及不高兴的态度，还是应该一边记笔记一边点头示意认真听的态度？答案不言自明。这看上去似乎是"微不足道"之举，但实际上对团队成员的心理安全感会产生很大的影响。

确实，团队的全体成员未必都很有才能，而且也并不是每个人都能说出很有见地的意见。所以在聆听他们的话语时，也许会情不自禁地想说"已经够了"，但越是这个时候，领导的"听取姿态"才越是关键。

原理光（日本老牌光学厂）总经理滨田广曾说过这样的话：**"如果想从员工那里得到 1 条非常宝贵的信息，就必须先做好听取 9 条无用信息的思想准备。"**

这并不是说部下的报告大多是没有用的。相反，滨田先生认为上司在做出判断的时候，能成为参考资料的信息大都是员工提供的，所以从员工那里好好地听取汇报是十分必要的。

其实，不仅仅是员工的建议，无论是专家的建议还是书本的建议，对每个人来说，只要信息是有用的，就都不会被浪费。在这些信息里既有自己已经知道的东西，也包含没有用的东西，当然，还包含那些正因为你好好地倾听了别人的汇报才能得到的"必要信息"。

对好不容易想对上司说出自己建议的员工来说，如果上司打断自己的话并说"这样的事我早就知道了，只说有用的事吧"，那么员工的心情就完全被伤害了，之后可能甚至对本来应该传达的"必要信息"，都会说"反正上司已经知道了""就是说了人家也不会听到最后的吧"。如此，即使有必要的或有用的信息，员工也不会再提供或列举给上司了。为了防止这种情况的发生，滨田先生在员工来汇报工作的时候，即使已经知道某个信息，也会一直听到最后，还说："原来如此，谢谢你来向我汇报这些情况。"

正因为有这样能一直听完员工讲话的领导，团队成员才会有"说出自己意见"的意愿。

◎ 短期来看建立心理安全感效率低下，长期来看有助于形成一支强大的团队

虽说领导要有"让大家平等发言""尽量把员工的话听完"等姿态，但"总觉得因为事情进展缓慢而

急躁不安"的领导大有人在。他们不听取全体成员的意见，而是选择性地只听"工作出色的人"和"呼声较高的人"的意见，总是喜欢在讨论的中途叫停，想尽早得出结论。

的确，这种做法短期内既提高了讨论效率，又加快了员工做事的速度，但长期来看会使团队成员失去干劲和思考能力。这无论对团队来说，还是对公司来说都不是令人满意的事情。

因此，即使花费一些时间，也要好好听取成员的意见。大家一起出谋划策，让成员有种"自己被重视"的感觉，才能够让成员安心地说出自己的意见。这样做的结果是既培育了人才，又提升了团队的能力，还取得了更好的业绩。

总之，回过头来看，虽然心理安全感的短期效率较低，但是从长远来看，它能给个人和公司带来高效率的生产力。正因为如此，如果领导给成员带来心理安全感，成员在工作中就会知道什么是必要的，就会力求率先实践。

3. 创造可以放心说真话的环境

◎ 坏消息若放任不管就会一天天恶化

曾经被称为领袖人物的经营者不知何时变成了"老害经营者"（经营害虫），经常给公司带来危机。

为什么曾经的领袖人物会变成老害经营者呢？理由之一是，周围尽是些报喜不报忧的人，刺耳的信息和不便言说的信息已无法传达到决策层，产生的结果就是，决策层不知道内情和具体情况而判断错误。

为了正确地判断，决策层必须尽可能地把握好消息、坏消息和其他问题等所有信息。然而，现实情况是，关键性的坏消息和问题被隐藏的情况较多，这样一来便不可能做出正确的判断。

为什么不便言说的信息和问题不能向上传达和汇报呢？因为每个人都想避免向经营者和领导报告不好

的消息。同样是汇报，员工都想传达好消息，传达进展顺利的事情，而不是坏消息，因为想被上司表扬、想被上司认可是人的本性。不过，在现实中，坏消息才是正确判断事物不可或缺的东西。

谷歌前 CEO 埃里克·施密特讲过这样的话："**好消息在第二天也没什么太大的变化，但是坏消息会变得一天比一天坏。**"

通用电气前 CEO 杰克·韦尔奇[①]也讲过："**在危机刚刚发生的时候，由于否定了什么可疑的或不符合常规的事情，可能要浪费大量的时间，一些乱七八糟的问题会比想象的要大得多，这些问题一旦变成了可怕的事情，我们就会意识到要马上改变态度。**"

然而，现实中这样的领导太少了，他们讨厌坏消息和棘手的问题，对来汇报这些问题的部下乱发脾气，翻脸比翻书还快，还有不少领导推卸责任，还

---

① 杰克·韦尔奇（Jack Welch，1935 年 11 月 19 日—2020 年 3 月 2 日），出生于马萨诸塞州塞勒姆市。1960 年毕业于伊利诺伊大学，获化学博士学位。杰克·韦尔奇是通用电气董事长兼 CEO。在短短 20 年间，这位商界传奇人物使通用电气的市场资本增长 30 多倍，达到了 4500 亿美元，排名从世界第十提升到第一。他所推行的"六西格玛"标准、全球化和电子商务，几乎重新定义了现代企业。

说："我不知道啊，你自己看着办吧。"

这样的话，即使发生了什么问题，员工也不想向领导层汇报。结果，企业和团队的坏消息和问题被天天往后推，在管理层或领导不知情的情况下，"坏消息每天都会变得更糟"。

为了公司不变成这样，领导层需要很清楚地关注和留意一些事情。不要让员工感到"危险"，也不要大声怒吼，要常常营造一种能够"马上、实事求是"地汇报坏消息和问题的工作环境，这比什么都重要。

◎ 落实"不良新闻至上"

理光的第二代总经理馆林三喜男先生有一句名言："带大葱来的时候，带着有泥巴的大葱来，就把大葱原样拿来。"

这句话真正的含义是这样的，把汇报工作比喻为大葱，公司职员向科长汇报工作的时候，去掉大葱外面的泥土，洗干净、切断、除掉根。科长向部长汇报工作的时候，剥去了大葱外面的一层葱皮。部长向本部长报告的时候，再剥去大葱外面的一层葱皮。因为本部长又剥去了外面的一层葱皮，所以他向总经理报告的时候，大葱已经不是大葱原有的样子了，已经变成了薤（像小蒜瓣似的东西，可食用）。

无疑，以上所述准确地表达了日本有些公司的信息传达方式。

确实，当下级向上级汇报工作时，不可能"一切照搬"。汇报时既有必要的信息，也有无关紧要的信息，向忙碌的上司如实地传达全部内容确实浪费时间。但反过来看，汇报内容也有比较不太容易懂的一面，确实需要向上司传达全部内容。

话虽如此，但是如果搞错了"剥皮的方法"，或者故意隐瞒了不该隐瞒的部分，真相就无法传达，上级因此有可能会做出错误的判断。

为了防止这种情况的发生，就要像馆林先生的口头禅那样，要把沾满泥巴的大葱，原封不动地拿过来。

如此一来，不好的消息或不尽如人意的消息才不会被异常地加工和装饰，员工也会"实事求是"地传达信息。只有把它当作口头禅一样继续言说下去，员工才能把包含坏消息在内的真相如实地传达出来，这就是所谓的"心理安全感"。

同样，丰田公司的原总经理张富士夫先生，为了让员工在问题发生后能马上向公司高层汇报而推崇"坏消息放第一"的原则，并花了很多心思。

丰田公司的生产方式中最重要的一点，就是生产现场发生了问题后，立即停止生产线。因为停止生产线，就能立刻知道"发生问题了"，于是开始调查问题的真正原因，并且为了不再发生同样的问题而及时进行改善。这正是问题发生后"马上、原封不动地如实汇报"的典型例子。

然而，张先生作为负责人在美国肯塔基州丰田汽车工厂工作的时候，开始时工作却进行得没那么顺利。在美国，如果出现停止生产线的现象，或者不能正常进行生产的话，员工就会被严格地追究责任，被解雇的情况也是常有的。在这种情况下，即使公司最高层说"发生问题要停止生产线"，员工也会因为害怕而不会停止。

也就是说，日本的丰田公司的生产方式是"立即报告坏消息"，而美国的丰田汽车工厂则是"隐瞒坏消息"。

　　为了改变这种企业文化氛围，最初的一两年，张先生等丰田人"表扬"了鼓起勇气停止生产线的员工，赞扬他们"干得好"，并鼓励他们"比日本公司停得更好"。即使停止了生产线，也不追究相关员工的任何责任，而是细心地追查停止生产线的原因并对其进行改善。据说，后来肯塔基州丰田汽车工厂的员工也普遍认同了"出了问题就停止生产线"，并将其作为肯塔基工厂的工作常态被固定下来。

　　像这样营造一个能够让大家安心汇报真相以及好消息和坏消息的企业文化环境，确实需要付出相应的代价和采取一定的技巧。

　　但是，多亏了张先生等丰田人的努力，丰田公司用一年的时间就在全世界的分公司获得了超过 60 万条改善建议，并有针对性地实行了改善方案。由此我们可以很清楚地看到，员工能够自由发表意见的具有心理安全感的企业有多么棒。

◎ 对不好的报告也要说声"谢谢"

　　那么，员工对上司和领导不能自由地说出自己的想法会发生什么事呢?

A先生曾是一家广告公司的销售团队负责人,由于其出色的销售业绩和良好的个性、极好的人品,公司将他分配到某团队。但是,从那以后,也许是因为公司销售业绩没有提高,A先生有了压力,他变得性情急躁,又容易生气和发火,在公司也成了焦点人物。

特别是在员工汇报"没有签订合同"的报告,以及关于"客户的纠纷"时,A先生马上就会发怒,而且严厉追究员工的责任。这种强硬的态度"引人注目",成员们渐渐开始犹豫要不要向A先生如实汇报情况。

团队成员们总是在看A先生的脸色,在A先生心情不好的时候也会避免与其搭话,因此,似乎再没有任何信息和汇报集中到A先生的案头了。结果团队的销售业绩也直线下降。

A先生的上司实在看不下去了,对A先生建议道:**"好的汇报也好,坏的汇报也罢,员工来汇报的时候,你试着和他们说声'谢谢你的汇报'怎么样啊?"**

自那以后,A先生对好的汇报自不必说,对不好的汇报不仅说了"谢谢你的汇报"，而且也不追究成员的责任，而是说"那该怎样做呢？咱们一起考虑一下原因和对策"。于是，成员也可以轻松、无顾虑地向 A 先生汇报工作了。与此同时，成员的工作热情与干劲也提高了，公司的业绩也慢慢地提了上来。

情绪总是控制不好的上司，只发牢骚的上司，一味追究责任的上司，不会立刻收到部下带有"事实的真相"的汇报。当然，无论是谁，好的汇报肯定比不好的汇报更容易向上级汇报。但是，如果上司的言行过激，员工就会窥探上司的脸色，即使很振奋地去向上司汇报，对那些汇报内容不好的地方也会有所隐瞒、拖延或篡改。

那么，作为领导，如果不能好好把握现场的实际情况，当然就不可能做出正确的判断。上司收集不到正确的信息，并非全部都是员工的责任，其重要原因是上司没有让员工获得心理安全感的态度和言行。

◎ 对坏消息采取"上升、坦白、遵守"模式

为了营造不论是好的汇报还是不好的汇报，公司

成员都能放心说出"真相"的环境，谷歌有一个"上升、坦白、遵守"模式。

根据谷歌前 CEO 埃里克·施密特的研究，飞行员在陷入紧急事态的时候，会收到命令"首先要上升"。"上升"是为了逃脱坠落的危险。接下来是"坦白"，也就是与管制员取得联系，如实说明自己现在的处境。最后是"遵守"，即不论航空管制员发出怎样的指示，都应该按照指示毫不犹豫地执行。飞机能够脱离危险，要的就是一个飞行员对"上升、坦白、遵守"模式的践行。

施密特认为员工带来不好消息的时候，有必要采取和飞行员的"上升、坦白、遵守"模式同样的方法。问题发生时，"逃避""置之不理""隐瞒"是最要不得的，员工首先必须要清楚地认识到"发生问题了"的状况，然后去上司那里汇报，并和上司一起思考"应该如何解决"。

对此，施密特曾说："在公司，如果员工来向我们汇报不好的消息，不就是正在实践'上升、坦白、遵守'模式吗？员工尽管忧虑不已，但他还是来了。所以，为了报答员工的这份坦率，我们理应侧耳倾听

其汇报，并伸出援助之手，要相信下一次'着陆'一定会成功。"

此时，对鼓足勇气带给自己不好消息的员工，领导者的真挚态度是非常重要的。

有的领导者一听到坏消息，就很容易血涌上头，甚至生气、愤怒。但此时即使追究员工的责任，情况也不会好转。正确的做法是，遇到坏消息，领导者首先要冷静地接受事实，然后思考"该怎么办"，这比什么都重要。

如果领导者能经常表现出这样的态度，那么员工就会像在谷歌和丰田那样，能够放心地说出自己认为的好事、坏事和其他问题，并在这些好事、坏事和其他问题中产生一些改善的策略和想法，由此帮助企业良性发展。

简单来说，心理安全感是指无论员工做任何事情、提任何意见，都会处于团队最安全的地方，相互之间拥有深深的信任感。即使陈述自己的意见也不会被拒绝、处罚，正因为员工有着谁都不愿拖后腿的上进心，所以每个人都会自由地表达想法或创意，对自己负责，然后也就有了大胆行动的可能。

　　为此，领导者要认真倾听员工的意见。即使有不好的消息和问题，也不要发怒，当然，也不要不在乎，而是要表现出一起考虑问题对策的姿态。

　　正因为领导者有这样让人放心的态度，员工才会信任自己的领导，才会对领导说出自己的意见。

4. 建立什么都能说的放心团队

◎ **领导要表明无论员工有多么严厉的质疑都不会被炒鱿鱼的态度**

为了让成员放心地互相倾诉，相互信任是必不可少的。如果因为自己说的话或做的事被当成傻瓜，或者感觉自己的创意会被别人抢走，人就会闭口不谈，即使对同一个团队的成员，也绝对不想说出真心话。

曾经有一家房地产企业，营业员们虽然都是同一个部门的，但是相互之间绝对不会谈论自己的客户和合同的进展状况。自己休假的时候，也绝不会找人接替自己的工作。"如果一不小心或稍不留意的话，把自己客户的事和同事说了，自己的客户不就会被抢走了吗"？这种心理就是由不信任感造成的。

虽然这可能是极端的例子，但是这说明如果团队成员相互缺乏信任，沟通就无法成立，更谈不上互相帮助了。

有一次，在谷歌定期实施的 TGIF 大会（谷歌全体员工大会）中讨论到收购摩托罗拉公司的事情，当时很多谷歌员工都畅所欲言，甚至涉及相当尖锐的问题，但是谷歌的高层管理人员对这些员工提出的问题很礼貌、很认真地逐个给予解答。据说，正在观察谷歌公司情况的摩托罗拉公司的一名员工在那里窃窃私语：**"那些家伙不会被解雇吗？"**

对经营高层来说，自己做出的决定被员工质疑是非常令人不愉快的事情，更何况是在董事会和股东大会那样重要的场合了。在这样的大场合，提出极其刺耳且不愉快问题的"普通员工"，日后定会受到严厉的训斥，根据情况的不同，即使被解雇也不足为奇。这就是摩托罗拉公司员工的基本常识。然而，对摩托罗拉员工的疑问，谷歌员工的回答很简单：**"不会被解雇！"**

即使是普通员工，如果对公司、对经营高层有想说的事情，也只要清清楚楚地表达出来就好了，经营高层也会对他们的问题礼貌地、认真地回答。这就是谷歌团队的风格。

从这个意义上来说，TGIF 大会的经营高层和员工之间的问答情形可以这样表述，"即使坦率地提出问题，也是有利的""经营高层和领导层即使遇到尖锐的问题，也会坦率、真诚地给员工解答""对话总是透明的，好的创意是大家共有的东西"。这些事情不是说在"嘴"上，或者写在"纸"上，而是用真诚的"态度"表现出来的。

在讨论现场，领导层的态度会给其他成员带来强烈的影响。如果领导层对员工意见采取阻碍、置之不理，甚至采取严厉处罚之类的姿态，那么其他成员照样学样也会成为这个样子。相反，如果领导层对员工的意见能一直听到最后，尊重成员的创意，比起追究责任来更重视追究其原因，那么其他成员也会朝着这个方向去改变。

同样，如果想营造一种团队成员之间可以放心地相互交流的企业文化，那么领导层就要常常表现出满意的态度，这比什么都重要。

◎ 友好争吵

说到"营造让成员能够自由表达意见的企业文化"，有时候会让人联想到单纯的"好朋友俱乐部"，这是错误的。所谓好朋友俱乐部，就是尖锐之言不语，带头做到彼此间不相互伤害。为了营造有话直说的氛围，相比"应该说的事不说"这一状态，"友好争吵"（好朋友吵架）这一状态也许会稍好些。

"友好争吵"是丰田公司的前总经理渡边捷昭先生使用的金句。为更好地让大家理解这句话，他说："为了提高团队实力，最重要的是成员之间共同表达想说之事。如果不能用真心互相商量的话，成员就不能正确地理解相互之间的意见和想法。相互之间加深理解，提出建设性的意见，不只是 1+1=2，也可以变为 3、变为 4。"

丰田公司开创了以"大房间方式"工作的做法。虽然不是像谷歌和亚马逊那样的少数人团队，但是丰田公司将制造部和设计部等众多部门的人员集中在一个房间里，采用"横轴"式而非"纵轴"式的沟通平台，不同部门的员工之间可以相互交换意见，推进工作。当然，这里也存在着意见上的冲突，但如果这时应该说的话却不说，或者采取间接的、让步的协商方式进行沟通，那怎么能制造出"好车"来呢？

所以在丰田公司，发生意见冲突时，即便喷出的火花散落满地也无妨，只要能真心话互相碰撞，员工共享问题意识，消除部门间的隔阂，那么一切都不成问题。这是作为一个团队能够做出的最佳选择，也是我们对丰田团队的看法。

成员的"友好争吵"，其实是为了使团队更具活力，是为了引导团队走向更好的发展方向的最佳方法。有了这种所有员工都能互相自由述说的企业文化，员工才能对团队产生心理安全感，才能对其他成员更加信任、尊重，从而对工作全力以赴。

5. 能放心地挑战有风险的行动

◎ 成功的唯一途径就是经历无数的失败

在心理安全感比较好的团队里，每个成员都能放心地以自己的风格和方式工作，所以大家能"一起做更好的事""做更有意义的事""做更大的事"，也能够挑战更为高难度的课题。

当然，如果处在彼此间不信任、拖后腿、阻挠工作的环境中，团队成员就不会进行高风险的挑战了。因为如果失败了，那么自己的职业生涯很可能也就结束了。

反之，如果处在大家互相鼓励、勇于挑战的环境中，团队成员就可以下定决心挑战一些事情，即使挑战失败了，也可以从中学到很多东西，并且在下次挑战时充满正能量。

由此可见，为了把团队引向成功的道路，营造一种成员之间不会有不放心和难为情的感觉，能够积极尝试有风险的行动的企业文化是何等重要！

一般来说，谷歌日常进行的研发项目都会超过100个，虽然产品数量庞大，但并不是所有产品都能顺利走向成功。

像我们已经熟知的那样，谷歌发布的服务产品中貌似有35%已经结束、停止，包括尚未完成、尚未停止但性能不佳的产品，其总点击率最多也不过50%的样子，其中大概只有10%的服务产品有较高的成功率。

也就是说，谷歌在按预期目标发展的过程中，也出现了很多失败的产品，但是谷歌对失败的姿态是一成不变的。创业者谢尔盖·布林这样断言："**走向成功的唯一途径，就是要经历数不清的失败。**"

在谷歌，正因为以这样的姿态面对失败，员工才会提出各种各样的创意，并把这些创意付诸实践。如果在实施过程中失败了，那就接受这个经验教训，然后毫无牵挂地迈向下一个挑战目标。

◎ 允许勇敢挑战失败

现任脸书首席运营官（Chief Operating Officer，简称 COO）雪莉·桑德伯格[①]曾在谷歌国际网络营业运营处担任副总经理。在桑德伯格从事一个项目时，该项目从非营利组织那里收集搜索广告并将其免费发布在网站上。谷歌的两位创始人虽然对提高利润一事什么也没有说，但他们认为："为什么业务增长不能更快呢？"

结果，当两位创始人加速该项目时，才知犯了一个错误，即给极少数组织提供过多的广告空间。桑德伯格去拜访拉里·佩奇和谢尔盖·布林，并道歉说："真的太失败了，本应该更早注意到这一点。"

然而，佩奇认为她没有必要道歉，并表示："**这是因为该项目快速、大胆地推进而产生的失败，所以没关系。你不知我有多高兴。如果推进得太慢，错过**

---

① 雪莉·桑德伯格（Sheryl Sandberg），1969 年 8 月 26 日出生于华盛顿。曾任克林顿政府财政部部长办公厅主任、谷歌全球在线销售和运营部门副总裁。现任 Facebook 首席运营官，被媒体称为"Facebook 的第一夫人"，她也是第一位进入 Facebook 董事会的女性成员。同时，她还是福布斯榜的前 50 名"最有力量"的商业女性精英之一。2013 年，她登上《时代周刊》杂志封面，并被评为全球最具影响力的人物。

了机会，那我才会非常生气。"

尽管如此，自责的心情无法平息的桑德伯格，向佩奇提交了自己制定的 10 条警示，以避免类似的失败。佩奇说："不看也没关系的，因为佩奇百分百地信任你。"

有不少上司虽然嘴上说要员工无惧失败、勇于挑战，但实际上，员工一旦失败了，这些上司就会严格地追究别人的责任，同时又推卸自己的责任。这样的话，工作就很难快速向前推进，而且员工也不敢大胆地去挑战自己。

相反，谷歌领导者的态度是将这些失败视为创新的一部分，因此谷歌的员工可以产生许多创意并去积极挑战，而不必担心失败。

◎ **心理安全感源于日积月累**

日本的丰田公司也拥有积极解决这些失败并继续向前推进工作的机制。

曾有一名年轻的丰田公司员工从美国进口了实验所必需的高价机器，但与想象不同的是，因为没有充分掌握信息，所以没能取得预期的成绩。这个高价机器是经过正式的请示汇报后才购买的，按理应该不会完全成为年轻的丰田公司员工的责任。不过，上司却说"想办法吧，你的责任嘛"。

无奈之下，年轻员工只好向主管技术部门负责人，也就是后来成为丰田公司总裁的丰田英二先生道歉，丰田先生大致听了一下年轻员工的道歉之后，说道："这次失败就等于是你交的学费吧。我不需要你的道歉，但是为什么会发生这样的失败，你要好好考虑，同时为了避免同样的失败，要写出详细的总结报告。"

于是，年轻的丰田公司员工并不需要承担责任，最后他也根据自己的调查找到了失败的原因。丰田先生的考虑方式或想法是，用"写总结报告"代替承担责任，这不仅是当事员工在今后工作中的警示，也是全体成员在今后工作中不再发生同样失败的警示，同时，这份失败报告还可以作为公司的财产保留下来。

我们无论做了怎样的准备，也不可能事事都取得成功。如果总是责备失败员工，那么谁还会愿意挑战呢？重要的是能从失败中学习些什么，从中接受教训，然后迈出积极的一步并接受新的挑战。正因为领导层能够表现出这样一种姿态，企业才会拥有"积极接受挑战的企业文化"。

看待创新型企业时，人们往往只注视着改变世界的重大成功，但实际上，在成功的背后却有着令人不愿意看到的众多失败。

如果想建立一家像谷歌一样持续创新、让所有人都感到温馨的企业，那就不要让员工感到不安和难为情，而应该让员工自由地表达自己的意见，互相讨论，然后勇敢地采取具有风险性的行动。只有在具有心理安全感的企业文化氛围里工作，团队才能够最大限度地发挥作用。

但是，这并不是高层指示"请这样做"就能做到的事情。这需要高层在平时的工作中用实际行动表现出来，因为言传身教比什么都重要。要通过领导的实际行动让团队成员在每天的工作活动中感到放心。在企业中，重要的是要让所有人意识到"在这里可以这样做""在这里什么都可以说""在这里可以接受挑战而不必担心失败"。

通过每天的积累，才会诞生一个拥有心理安全性的团队，并由此产生伟大的构想和成果。

第 3 章

引领团队走向成功的法则之二：培养信任感

Google Team

如果感觉"团队不发挥作用"了，请确认是否有以下的行为特征。另外，以下几点都是考虑"信任感"的重点。

□ 你和你的成员相信"客户第一"吗？

□ 你和你的成员以"客户第一"在行动吗？

□ 你和你的成员相信"大家共享聪明智慧"吗？

□ 你关心"公司外部的聪明才智"吗？

□ 你在为发挥全体员工的聪明才智而努力吗？

□ 你有为优秀的创意而努力聚集全体成员的聪明才智吗？

□ 在你的团队中，大家能放心休假吗？

1. 谷歌立于信任之上

◎ 正因为信任才会把球传给伙伴

引导团队走向成功的法则之二是培养"信任感"。就像第 2 章提到的那样，成员为团队认真工作，不可缺少的是对企业的信任、对经营高层的信任、对领导和同伴的信任。

日本橄榄球队的前代表大畑大介先生曾经说过："如果不信任队友，就不可能把球交给他。正因为想到这家伙能'活用'球，所以才传给他。"

橄榄球是以在对方大门线内带球触地为目标的体育项目。尽管如此，如果不相信队友的话，就会有"自己拿着就好"的想法，但是，像橄榄球这样的体育项目，只有一个人运球是不可能的。

另一方面，如果传给不信任的队友，机会和回传几乎就没有了。要取得胜利，需要队友之间相互信任，彼此默契配合，然后在比赛中全力以赴。

可以说，橄榄球队友间的默契合作和工作中的配合是完全相同的。如果没有信任，大家就不会互相谈论自己的想法，也不会互相配合。其实，公司的工作和体育运动一样，都是基于信任才能产生想法，才能建立互相配合的团队合作，而且这些都和业绩有着密切的联系。

信任的重要性自不必言说，在这方面谷歌的企业特征可以列举为："信任比什么都重要"和"信任客户至上"。当然，"团队内的信任"的重要性也不用多说。网络是产生免费信息的复印机，"卖免费的拷贝信息怎么挣钱呢"，针对这样的问题，作为《连线》[①]创始人之一的凯文·凯利[②]答道："如果该拷贝信息是

---

① 《连线》（*Wieard*）是世界著名杂志，1993 年创刊。《连线》杂志着重于报道科学技术应用于现代和未来人类生活的各个方面，并对文化、经济和政治都有较深的影响。该杂志隶属于美国期刊巨头康泰纳仕集团。

② 凯文·凯利（Kevin Kelly），1952 出生于美国宾夕法尼亚州。人们经常亲昵地称他为 KK，《连线》杂志创始主编。在创办《连线》之前，是《全球概览》杂志（*The Whole Earth Catalog*，乔布斯最喜欢的杂志）的编辑和出版人。1984 年，KK 发起了第一届黑客大会（Hackers Conference）。他的文章还经常出现在《纽约时报》《经济学人》《时代》《科学》等重量级媒体和杂志上。凯文·凯利被看作是"网络文化"（Cyberculture）的发言人和观察者，也有人称其为"游侠"（Maverick）。

免费的，那么我们只能出售不能拷贝的内容。信任是最重要的，并且只能随着时间的积累而获得。"

谷歌的创始人拉里·佩奇和谢尔盖·布林都没有急于寻求"怎么用检索挣钱"的答案，某种意义上他们也没有心情考虑这样的事情，他们考虑的是如何与用户之间建立起"信任的纽带"。

谷歌价值观的核心在于"用户体验"。谷歌的网页服务既简单又快捷，不会被广告遮挡，此外，谷歌不像其他公司那样在搜索结果中随意添加内容，所以用户与谷歌之间建立起了牢固的信任关系。

◎ 信任是网络世界中最重要的货币

可以说，谷歌自创办以来，不是在追求"如何赚钱"，而是在追求"如何取得用户的信任"。

确实，商业如果没有了信任和诚信，是不可能向前迈进的，金融机构不会借钱给我们，我们也不能向客户要求什么。这在互联网世界也是一样的。谷歌之所以能够持续成长，是因为用户对其抱有极大的信任。

从谷歌"处理来自世界各地的信息，让全世界的人平等自由地访问所有信息"这一理想愿景被提出来，到慢慢将其实现，人们产生了"谷歌和微软有所不同，谷歌可以信任"的印象，从而使谷歌逐渐成为世界上最受尊敬的企业之一。谷歌获得的成功，佩奇和布林却认为："如果说我们在经济上取得了成功，那也只不过是因坚持最初目标而诞生的美好副产品而已。"

谷歌前 CEO 埃里克·施密特在宾夕法尼亚大学的毕业纪念演讲中就成功所必需的条件讲道："领导能力和人品相当重要。知识、学识、分析力也很重要，但最重要的是信任。信任是网络世界里最重要的货币。"

对谷歌来说，"信任"比"销售额"和"利益"更为重要。被称为"世界第一投资家"的沃伦·巴菲特[1]说："树立良好的名声需要花费一生的时间，但毁掉名声连 5 分钟都用不了。"

正因为名声和信任如此脆弱，所以谷歌才为了不

---

[1] 沃伦·巴菲特（Warren E. Buffett），1930 年 8 月 30 日生于美国内布拉斯加州的奥马哈市。1951 年获得哥伦比亚大学经济学硕士学位。巴菲特是全球著名的投资商，主要投资品种有股票、电子现货、基金行业。2008 年成为世界首富，并获得总统自由勋章。

断得到用户的信任而一直努力着，即便是当下，"信任比什么都重要"仍然是谷歌公司的座右铭。在团队中也是一样的，因为员工之间拥有相互信任的关系，所以大家才能自由放心地提出自己的想法。在工作中，大家互相批评，也互相协助。如果团队内部有一个人做出了损害信任的行为，仅此一点，这个团队就会成为不能发挥积极作用的团队。

2. 信任用户的根本是用户永远是对的

◎ 认为"社会是不会错的"

谷歌自成立以来，一直专注于与用户建立信任关系，在创建服务系统时也是如此。拉里·佩奇曾说："我认为用户始终是正确的，我们应该为用户创建一个既不陌生又顺畅的操作系统。即使更换系统，也无法更换用户。"

谷歌重视用户的这一想法一直持续到现在。

工程师即使说"不行"，也要以创造不浪费用户时间的产品为目标。设计师即使说"不"，也不要取悦或讨好无意义的事情，产品的设计要追求简单明了。即使投资者们感到困惑，谷歌也没有利润至上这一选项。

谷歌坚持这种姿态不动摇，其根本在于它融合了商业和哲学的理念。

"（我）基本认为，社会如神一样，是不会错的。"这是松下公司的创始人松下幸之助先生讲过的一句话。如果认为"社会不疼不痒不可信"，那么经营就由制作人的逻辑或规律来支配。但是，如果像松下先生和谷歌那样考虑到"社会是不会错的"，经营就不是根据制造者的逻辑，而是根据使用者的逻辑来展开的。

2006 年，谷歌的工程师曾向佩奇和布林提议："如果在图像检索页面植入广告，每年销售额将增加 8000万美元。"佩奇问道："现在的销售额还不够吗？"布林也提出了疑问："我不明白为什么提高利润会要和用户体验联系起来呢？"结果，那个提案被驳回。

佩奇和布林的特点是，对世界的常识和习俗怀有质疑，但是在创造新的服务和产品时，他们相信用户永远是对的，因为他们认为这对用户来说是最好的选择。"我们应该看到的是用户，而不是竞争对手和股东们。"

◎ 公众始终是我们的朋友

谷歌为什么对用户如此相信呢？为什么珍惜与用

户的信任关系呢？

其理由是，虽然用户对"今后会发生什么"没有任何回答，但是用户对谷歌制作出来的产品的"好与坏"却有着准确的判断能力。

始终坚持对用户信任的代表人物华特·迪士尼 [①]，即使到现在，在 IT 业界的创业者中仍然很受尊敬。

1928 年，迪士尼公司诞生的第三部短篇动画《威利汽船》完成了。迪士尼前期的两部作品是无声电影，但是，《威利汽船》有了后期配音（与电影的画面相配合，在其后加上声音）。虽然迪士尼自信满满地向大型电影发行公司推销这部作品，但是没有一家公司与他们联络。

在这种情况下，唯一帮助迪士尼的就是纽约克罗尼剧场。在支付了高额的租赁费之后，克罗尼剧场还对迪士尼说道："**电影公司的伙伴们讲，在大众评判一部电影是否好看之前，我们很难判断这部电**

---

① 华特·迪士尼（Walt Disney，1901—1966），出生在美国伊利诺伊州的芝加哥，是美国著名动画大师、企业家、导演及电影制作人。他创建了举世闻名的迪士尼公司，他笔下的米老鼠使他一举成名，他还制作出诸如《白雪公主和七个小矮人》《小鹿斑比》《小飞侠》等大量优秀动画影片。影视事业成功后，他又创建了可供人们尽情欢乐的迪士尼乐园。

影好不好。"

在纽约克罗尼剧场放映后，这部电影成为"大热门"，媒体争相宣传报道，来自电影发行公司的联络信息一个接一个。取得巨大成功的迪士尼说："无论做什么，都要直接面对大众。'大众'一直是站在我们的立场上的。最先认可米老鼠的既不是评论家也不是票房，而是大众。"

倾注心血制作出来的东西，不一定总能被媒体和评论家善意地接受，即使飞来毫不留情的话语也并不稀奇。但是，考虑一下便知道，产品和服务不是为媒体和评论家制作的，而是为大众制作的。什么比较有趣、哪个更方便、谁是谁非都是由大众来决定的。

◎ 用户决定谁是赢家

谷歌也是如此，对于什么是正确的，既不听从同行业的其他公司，也不听从华尔街，而是听凭"用户判断"。

因此，谷歌提供的服务常常会与音乐、电影、出版、广告等多个行业产生摩擦。的确，这样的做法虽然照顾了用户需求的便利性，但是另一方面，从其他行业的角度来看，谷歌扰乱了业界原有的秩序。有一位曾经被媒体称为王牌人物的人对谷歌的做法非常不满，他说："你们是在破坏魔法。"

他还曾说："**我很清楚谷歌为自己创造了巨大的利益，但我不清楚的是，谷歌除了从传统媒体的怀抱中抢夺金钱，它究竟对社会还做了什么贡献。**"

对这种不满和指责，谢尔盖·布林的回答非常干脆："**这个很简单。如果人们掌握了正确的信息，就能够做出更好的选择。就说买东西吧，对于要买什么东西，如果人们清楚地知道这个东西的用途，那么他们就能够买到最适合自己的东西。**"

对来自其他公司的不满和批评，前 CEO 埃里克·施密特的回答更为清楚和容易理解："**谁是赢家，由用户决定。**"

"我们自己应该做的事情，就是为全世界的用户处理并整理全世界的信息，让全世界的人都能免费、自由地检索、访问网页并获得信息。"谷歌认为，正因为全世界的人都信任并支持这一理念和系统程序，谷歌才能够持续成长。

　　谷歌对自己制作的产品的评价采取的是"询问用户"的评价体系，无论好坏都不是由竞争对手媒体、评论家决定的，而是由用户决定的。

　　也就是说，来自用户的信任以及对用户的信任才使得谷歌的商业模式站得住脚并走向成功。

　　正因为如此重视"信任感"，所以谷歌无论是工作的推进方法还是团队的应有状态，都坚持"用户的信任比什么都重要"，并认为这是理所当然的事情。

3. 相信众人的才智胜过一人的才智

◎ 优秀的创意不仅存在于企业内部，还存在于企业外部

谷歌的工作方式有一个特征，那就是不依靠一个人的智慧，不依靠一个超级明星，而是聚集大家的才智。

关于这一点，前 CEO 埃里克·施密特是这样说的："自负地认为只有经营者才拥有出色的创意是最危险的，要深信不只企业内部的员工有好创意，出色的创意存在于各个地方，除了企业内部，在企业外部存在的可能性也很高。"

也就是说，谷歌认为才智并不为一小撮超级明星和管理人员所拥有，而是企业里的每个员工都能拥有的，如果更大范围地扩展，企业外部的人也拥有很多创意。谷歌的一贯作风就是相信企业内部全体员工的

智慧，共同推进项目的建设，迅速制造出优秀的产品，并快速推广这些优秀的产品。

施密特还介绍了谷歌登上国际化舞台的例子。为了推进企业事业的国际化，谷歌需要把网页翻译成外语，但是，当时的谷歌内部没有这样的员工，也没有雇佣专业翻译家的翻译经费。

那么，既要在时间和金钱方面不花费任何费用，又要快速推进谷歌的国际化，该如何做才好呢？谷歌给出的答案是"信任用户，交给用户"。之后，谷歌公开了所有网络文本，并请求各国的志愿者为谷歌翻译这些文本。多亏了全世界的志愿者，他们为谷歌做了了不起的工作，使得谷歌的服务能够被全世界的人使用。

当然，谷歌并不是将这些翻译工作完全交给志愿者去做，他们自己也进行了确认。但即便如此，如果没有对志愿者的充分信任，谷歌事业的国际化应该也不可能这么快成功。

对谷歌来说，智慧和创意并不只为企业内部的人所拥有，也同样为企业外部的很多人所拥有。因此，谷歌认为，只要信任他们，借助他们的才智和劳动，就能生产出优秀的产品。

◎ 让更多人使用是为了加速其进化而不是为收费赚钱

如今，拥有超过 70% 的手机操作系统市场份额的安卓操作系统的开发已非常成功，因为它涉及了许多企业，而不仅仅是谷歌。

安卓操作系统原本是谷歌在 2005 年收购的软件公司的名字。谷歌收购该公司的目的不是为手机提供工具，而是考虑开发和提供像微软的视窗操作系统（Windows）那样的操作系统。

据安卓（Android）操作系统的创始人、谷歌前副总经理安迪·鲁宾[①]说："一直以来我们使用的手机操作系统都是互联网之前的东西，而我们想提供适合

---

① 安迪·鲁宾（Andy Rubin），1963 年出生在美国纽约，谷歌移动平台副总裁、安卓主管、安卓平台创始人。安迪·鲁宾是谷歌的工程师副总裁，领导着这家搜索巨人最重要的成就安卓的开发，这是谷歌为智能手机和其他移动设备打造的开源平台。安卓当然也是谷歌在智能手机市场对抗苹果的主要武器，它同时也是这家公司针对平板电脑和机顶盒设备的软件选择。2014 年 10 月 30 日，谷歌宣布，安迪·鲁宾从谷歌离职。之后，鲁宾成立了一家创业孵化器，面向对开发科技硬件产品感兴趣的创业公司。

互联网时代的操作系统。"

但是，谷歌并没有考虑像 Windows 系统那样由自己公司承担开发任务，而是像自由操作系统"面向电脑的操作系统 Linux[①]"一样，免费对外开放。鲁宾谈到他们不收费的原因时表示："**操作系统已成为创新的基础部分，与其收费赚钱，不如通过让更多人使用我们的操作系统来加速操作系统的进化。**"

可是在占领了超过 95% 的市场后，鲁宾却坚持要像微软一样关闭开放模式并想收获巨额利润。

面对这样的情况，谢尔盖·布林说："为什么不开放呢？如果你开放安卓操作系统，不是可以在移动操作系统细分的世界中一鼓作气扩大规模吗？"最后，谷歌决定采用的方法是"聚集大家的才智一鼓作气地开发，一鼓作气地使之普及"。谷歌和微软完全不同，谷歌的战略是将自己置于与其他企业不同的技术开发之上，一鼓作气地推进开发并全面普及。

---

① Linux 操作系统是基于 UNIX 操作系统发展而来的一种克隆系统，创始人林纳斯·托瓦兹。Linux 操作系统诞生于 1991 年 10 月 5 日（这是第一次正式向外公布的时间）。以后借助于 Internet 网络，并通过全世界各地计算机爱好者的共同努力，成为世界上使用最多的一种 UNIX 类操作系统，并且使用人数还在迅猛增长。

2007 年，谷歌、英特尔和三星等 32 家企业共同设立了"开放手机联盟"项目，并开始进行安卓操作系统的开发和改良。正如谷歌在企业内部使用本公司的产品一样，另外 32 家企业也可以自由下载谷歌的研究成果，而且可以免费使用。

在技术进步迅猛的手机市场，因为开发费用快速高涨，如果没有相当的实力和体力是无法战胜竞争对手的。谷歌采取大家一起开发、大家一起使用的做法，让安卓智能手机一下子推广开来。

◎ 与可靠的公司共同开发、共同使用而不是自己承担开发任务

iPhone 手机的问世让天才史蒂夫·乔布斯在全球手机市场上掀起了手机革命。拉里·佩奇从心里也很尊敬乔布斯，他们的关系非常亲近。据说，当初佩奇在为担任 CEO 做心理准备时，从住在他附近的乔布斯那里得到过很多忠告。

但是，与乔布斯只由自己的企业承担开发操作系统 iOS 的做法相比，谷歌采取的大家一起开发、大家

一起使用的做法，在市场上为安卓智能手机的迅速普及发挥了很大的作用。

苹果公司开发操作系统是因为对硬件销售有利可图，而谷歌则向用户提供免费服务，利用其中的广告收益带来可观的收入。

也就是说，谷歌将安卓操作系统免费提供给手机企业，手机企业销售的手机安装安卓操作系统，手机用户就会用到谷歌的检索及各种各样的服务。单从企业的收益层面上来说，与安卓操作系统共同开发的企业越多越好。

虽说如此，果断地大范围开放自己企业的基础技术是需要勇气的。实际上，微软和苹果公司都从独自承担开发操作系统任务中获取了巨大的利益，所以，谷歌做出这样的决断让人觉得有点不可思议。但是，在谷歌看来，选择广泛开放、共同发展、共同使用，会让人觉得这"很谷歌"。

与此同时，要注意的是，如果谷歌对共同开发的企业没有信任可言，就不可能有共同开发、共同使用的行业合作模式。

譬如，微软曾出现过彻底击垮竞争对手的事例，所以面对它时，别的企业会有强烈的竞争精神和拼搏精神。而谷歌的情况不同，前 CEO 埃里克·施密特之前担任过苹果公司的外部董事，对同样进入智能手机市场的谷歌，乔布斯从未表示过不愉快，谷歌也没有表现出像微软那样的竞争势头。

虽说谷歌是被誉为聚集了全世界英才的企业，但是，谷歌并不认为仅仅靠自己就能创造出一切。谷歌认为，才智不仅存在于企业的内部，也存在于企业的外部，只有把这些才智全部聚集起来，才能更快地制造出更好的产品，所以谷歌对企业外部的才智有强烈的信任感。

4．只有与值得信任的同伴齐心协力才能取得卓越的成就

◎ **光凭卓越才能还不够**

　　由于信任用户及企业外部的智慧，谷歌的事业得以顺利推进。除此之外，培养信任也是企业内部的工作，团队成员间相互珍惜、相互信任是十分必要的。

　　前面提及谷歌聘用人才偏重学历，但通过学历的过滤器后，谷歌实际重视的却是人品。在招聘人才时，应聘者要先经过从用人部门的上司到董事几个面试阶段，通过这些面试后，最终由谷歌的两名创始人来进行面试。

　　之所以要花这么多时间进行面试，是因为在谷歌工作的人，其人品、对事物的看法、想法比能力更为重要。因此，最后，负责面试的全体人员会聚

集在一起讨论是否聘用此人，此时使用的方法是一种人格评估的模式，例如前面已经提到过的"坐飞机测试"。

为什么要对所有面试的优秀人才进行这种人格评估？

众所周知，亚马逊的创业者杰夫·贝佐斯在聘用员工上也表现出特有的执着，关于聘用员工的标准他这样说道："长时间埋头工作，当然想和乐观开心的人在一起。"

亚马逊和谷歌一样，高强度的工作可以说是家常便饭。除此之外，亚马逊和谷歌还有一点很相似，那便是少数人的团队一起进行工作。为此，我们可以看到两家公司在聘用有出色才能的人上都很讲究。因为无论这个人具备怎样出色的才能，若个人自我意识太强，团队合作意识太弱，工作时让对方感到不爽或不愉快，就会给提升工作业绩带来负面的影响。

正因为如此，贝佐斯的想法是："我们要聘用能一起快乐工作的人，团队合作意识很强的人，还有相信能改变世界的人。"在这一点上谷歌也是一样的。

然而不一样的是，谷歌需要的人才是既能很好地与周围的人交流又能熟练地处理多项工作的人。

◎ 正因为彼此信任才开放合作

如果我们更具体地观察会发现，谷歌寻找的人才是这样的：**喜欢在这里工作、喜欢创造一些东西的人，而不是只为了钱而工作的人。**

当然，"领导能力"和"与工作职责相关的知识"，以及"具有普遍认知能力的思考方式"是很有必要的，但同时，"鄙视不做事情的态度""重视对行动的态度""合作的个性"的"谷歌风格"更为重要。

在这样开放且互相信任的职场，会发生什么呢？

在谷歌经常有很多项目被推进，测试版本（β版本）处处皆是。而这些测试版本，包括候选的新产品，虽然数不清的项目只是在进行中，但是这些信息在员工之间全都可以共享。

如果对这些测试版本和候选的新产品有了新点子，即使受到严厉的批评，若获得相关支持，就可以对其进行改进；若没有获得相关支持，那么这些想法就会销声匿迹、不见踪影。

也就是说，在谷歌，谁在做什么，拥有怎样的想法全都是开放和公开的，因而能够聚集优秀的创意并获得许多支持，也会出现想合作的人。与此相对，在一般企业里，大家几乎不会知道谁在做什么，不仅如此，还会有避讳或隐瞒他人的倾向。在企业里，如果没有聚集智慧的想法，大家就不会为了解决问题绞尽脑汁、齐心协力。

丰田公司的生产方法中有这样的金句，"如果我们见识到了，我们将获得智慧，但如果我们什么也看不到，我们将不会获得智慧"。也就是说，如果看得到谁在做什么，知道他有什么困难，那么大家就可以一起出主意，互相帮助；如果看不到，那就无法帮他出主意，更无法为他提供协助了。

换句话说，要成为一支优秀的团队，至关重要的是彼此之间相互信任，开放一切信息，时而互相竞争，时而相互帮助。

◎ 因互相信任而诞生的良性循环

此外，谷歌前 CEO 埃里克·施密特还表示，如果员工之间、团队之间相互有信任感，就能防止所谓的"过度工作"。根据施密特所讲，团队若有归纳与总结，就很容易注意到周围的情况变化，比如，在工作中，谁筋疲力尽了，需要早点儿回家休息，或者谁需要休假了。

如果是企业的大团队，成员相互之间没有信任感，有一个人要是休假了，其他人就很容易产生"为什么那个家伙可以偷懒呢"的想法。而如果在小团队里，有基本的团队信任，看到空着的座位，全体成员会表示关切。

如果员工之间缺乏彼此的信任，每个人都试图成为"必不可少的人"，团队中每个人的工作状况就会是"只有我自己知道""只有我自己会做"。与之相反，在员工之间彼此相互信任的情况下，休假的人就能安心休息，而为休假的人承担工作的员工也会因此获得信心。

有人这样评价一个互相信任并具有心理安全感的团队："**我们在一起的时候既可放心地开玩笑，又可提出自己的创意。关于别人的想法，有时也可以相互地严厉批评，有时还可以和伙伴一起去尝试冒险，即**

使直言不讳地说了什么大家也毫不介意。能在这样一种气氛中工作是何等的幸运。"

这就是引导团队走向成功的法则之二——培养信任感。正因为团队成员之间彼此信任，大家既可以自由地发表自己的创意，也可以毫无顾忌地说出自己的意见。

技术革新就是在无意间的交流中产生的，成员能够自由地"捡起"创意，自由地对优劣、是非进行思考，相互之间可说出自己的想法，这样一种工作环境比什么都重要。

另外，任何人都不需要通过排挤他人来获得个性，也不需要拦截攫取别人的想法来出头。谷歌不要"只有我"这样的人，也不要"我最好"这样的人。正因为有能够信任的工作同伴，才会有分享想法和智慧行动，进而让大家在一起能够互相帮助、不断进步。

谷歌要求的是"很能干的家伙"及"不错的家伙"。你到底有多相信你的同事、上司和前辈呢？正如信任对当今企业来说是最宝贵的东西，信任对每个人来说也是把工作做好而不可或缺的东西。

第 4 章

引领团队走向成功的法则之三：
具备清晰的组织结构与明确的目标

如果感觉"团队不发挥作用"了，请确认是否有以下的行为特征。另外，以下几点都是考虑"清晰的组织结构与明确的目标"的重点。

- □ 你认为在讨论中，是"全体意见一致"更好，还是有"反对意见"更好呢？
- □ 你理解领导所起的作用是"调动全体成员说出自己的意见"吗？
- □ 在会议和会谈结束后，你会把会议决定的内容整理成文件发给成员吗？
- □ 对关于决定事项"是谁""做什么""何时"的行动计划，你会一一整理后发给成员吗？
- □ 你会让成员看到计划进展的状况吗？
- □ 既然制订了计划，你会关注和留意计划实施的情况并看到计划的结果吗？
- □ 你会为了达成目标而灵活地改变既定的计划吗？

1. 明确团队目标、职责分工与行动计划

◎ 项目为什么会半途而废

引导团队走向成功的法则之三是具有清晰的组织结构与明确的目标，即要明确团队目标、职责分工与行动计划。

项目启动时，大家都充满了干劲，可是中途就停滞不前了，最后陷入"那个项目的结局到底怎么样了"的疑惑中的情况也不在少数。这种情况不仅在普通团队中发生，在大企业中的项目组里也屡次发生。

结果，为了推进项目研发而聚集了的人才、资金、时间都被浪费了。不仅如此，自此以后，即使上级再提出新的企划并大喊一声"来，干吧"，项目成员和周围的人也不会真心致力于这个项目的研发了，只会

想"只是说说罢了，最后肯定会落个虎头蛇尾的结果"。

如果这样的事反复发生，那么员工对领导和企业的信任就渐渐淡薄了。即使我们知道"培养心理安全感"和"建立信任感"是带领团队取得成功必不可少的原则，也没有任何意义了。

为了避免上述情况的发生，在成立项目组的时候，有必要明确团队的行动计划，诸如明确团队目标、决定谁做什么、如何角色分工，以及做什么、什么时候做、怎样做，等等。

更重要的是，既然成立了项目组，就要好好完成项目，得出结论。虽然可能没有达到预想的结果，但也不至于半途而废，最后还是可以"看到结果"的。

一旦忽视了"得出结论""看到结果"，好不容易构建的团队即便开始时干劲满满，最终也都会半途而废、不了了之。

◎ "是"未必是"同意"

对团队来说，在设置目标、职责分工和制订行动计划时，很重要的一点，是公开目标，让全体成员都接受这个目标。关于得到大家认可的方法，埃里克·施密特介绍了谷歌的理念："共识并不是让全体成员都说'是'，而是考虑对公司来说最合适的解答或解释，全体成员的共识要在这样的基础上集中并产生。"

在日本的会议上，情况也是如此。对某个提案，需要全体成员一致表示"赞成"。大家都说"是"对提案者来说，是令人满意的结果，但是，施密特表示，全体成员都说"是"并不一定意味着每个人都"同意"。

在美国职业棒球大联盟场上广受好评的明星"摇头人偶"，作为球迷福利被分发给每一个到场球迷，很受欢迎。这是一个可爱的人偶娃娃，只要有轻微的震动就会摇头。在美国在线①服务的前首席执

---

① 美国在线（America Online，简称 AOL），2000—2009 年间是美国时代华纳的子公司，著名的因特网服务提供商，可提供电子邮件、新闻组、教育和娱乐服务，是美国最大因特网服务提供商之一。

行官蒂姆·阿姆斯特朗[1]的眼里，他将那些对某个提案都只会在同一时间点头的参会人员称作像摇头人偶一样的"无主见摇头偶人"。

无主见摇头人偶的特征就是在会议室对各种各样的提案一并点头，但在会议结束后离开会议室的一瞬间，就会对刚刚已经同意了的内容表示，"那个是怎么想的呢""我虽在开会时表示赞成，但还是担心它如何顺利推进"。

临时回答"是"，转身却表示提案绝对不会顺利推进的人，如果果真推进失败，那么他们就会说"真是的，我就觉得很难嘛"，用装出一副什么都知道的面孔表达不满并批判那些提案。

---

[1] 蒂姆·阿姆斯特朗（Tim Armstrong），2009 年 3 月就任美国在线执行长。阿姆斯特朗在大学时期的第一工作，是在卫斯理学院一项名为"探索"（Exploration）的计划中担任教职，随后他在波士顿成立报纸，最终加入 IDG，并推出该公司第一本消费网络杂志 I Way。阿姆斯特朗于 2009 年 3 月初正式接下美国在线董事长兼执行长的职务，这一出乎意料的决定获得市场一致好评。其实早在两年前，阿姆斯特朗就有意离开前东家 Google，因为他在 Google 负责广告销售业务的成绩虽然出色，但社会科学背景的阿姆斯特朗，在工程师主导的 Google 就算做得再久，可能也无法升任执行官。

◎ 达成真正共识需要反对意见

那么，为了要得到大家真正的"是"，怎么做才好呢？谷歌前 CEO 埃里克·施密特认为，为了得出最佳答案，反对意见是非常必要的。

会议在公开的环境里进行，出席会议的人员都可以陈述自己的意见，包括表达反对意见。如果大家不坦率地讨论所有可选择项目，就不可能理解并支持这些项目。不能领会和理解项目的参与者虽然在会议上像摇头人偶一样点头，但他们走出了会议室就会按照自己喜欢的方式行动。**因此，要想达成真正的共识，反对意见是不可缺少的。从领导者的角度来看，在讨论开始时，不要很快明确自己的立场，不管参会者的地位和职务如何，领导者都有义务引导他们发表自己的意见。**

"全体同意"与"还有谁没有考虑某些事情"紧密相关，所以得到全体人员的认同这件事很难。领导要关注参加会议的所有人，观察还有哪些人安安静静地坐在那里没有发言，要尽可能地听取所有人的意见，并且要把包括反对意见在内的所有意见都汇集起来。这就是谷歌的风格。

　　汇集了所有意见后，要在此基础上进行讨论，并重视"包容"（让全部利害关系者参与）、"合作"（有时候即使牺牲少数人意见和个人的主张，也要以对小组全体成员来说最适合的决定为目标）、"平等"（全体与会者同样重要，反对意见都会得到认可）。这三点被称为"谷歌三要素"。

　　最后，得到的不是"妥协的产物"，而是"最好的判断"。只有做到这一点，大家才能从心底认同这个结论，才会加入"来，干吧"的行列。

2．职责分工、行动计划和进展状况可视化

◎ **把大目标纳入具体的行动计划**

团队目标不是在"全体人员一致同意"后决定的，而是在"全体人员都理解"之后决定的，那么接下来，为了达成目标我们应该做些什么呢？

埃里克·施密特在谷歌任职时总结的会议规则之一，是决策者要自己行动起来做好会议善后和整理工作。会议结束后，决策者自己（不能交给其他人）要整理并总结会议决定的内容和行动计划，并在48小时内用邮件发送给全体参会者。

关于会议规则，还有其他诸如"最好的会议运营规模是8人以内""会议按时开始，按时结束""出席会议要关掉电脑和手机认真参会"等规则，但是其中最重要的，就是会议结束后，要由决策者自己整理

并总结会议决定的内容和行动计划，并在 48 小时以内给参会者发邮件说明这条会议规则。

很多会议结束后，参加会议者经常会发出这样的疑问："对了，决定了什么来着"，尽管花了很长时间进行讨论，但很多人对会议上讨论了什么、决定了什么，只留下了一点点印象。从结果来看，本来在会议上已做的决定却没有贯彻执行的事情时有发生。

为了防止这种情况出现，应该再次确认决定的是什么，为了面向目标并达成目标，制订并执行"由谁、要做什么、什么时候做完"这样的具体行动计划。

工作上也是如此，比如，在拜访某家企业进行商谈前需要做的事情很多，比如下面四点：

①要预约；

②准备商谈用的资料；

③委托同行；

④调查商谈场所和到达场所的交通路线。

而且要考虑这些事情是一项一项由自己一个人去做，还是拜托同事们一起做，还要计划好什么时候开始去做这些事、做多久，类似这些事情如果不马上推进的话，商谈就不可能取得预想的成功。

更何况在推进项目的过程中，如果把目标和行动计划一个一个分解之后，没有决定由谁来负责、到什么时候完成，那么同样也不可能把项目向前推进。

重点是要明确由谁来担任项目负责人，以及什么时候完成这个项目。

如果不这么做，只说"大家一起工作吧"，就会成了"谁干啊""这不是我自己的工作啊"，并且会给一部分人造成负担，还会产生"啊，我忘了做这个啦""我还以为不做也可以呢"这样懈怠、怠慢和失误的情况。

为了引导团队走向成功，不仅仅要明确目标，还要明确谁做什么、什么时候做完，要确保团队的职责分工和行动计划的周密。

◎ 人人都是问题的责任人

丰田公司的生产方式有"问题的责任人"的说法。例如，为了在工厂生产现场实现"更好、更快、更便宜"的目标，每个在现场的工作人员都必须有将问题视为自己的事，即要有"问题的责任人"的意识。这是十分必要的，但实际实施起来并非易事。

有一家食品制造商实行了丰田式的管理方法，取得了很大的成果。那家食品制造商为了向海外工厂引进丰田式的管理方法，历时一年，每月从日本派遣讲师，每两天举行一次丰田式的研修会。每次都有很多员工参加，而且员工们也都非常热心地听这些老师讲话。但是，第二个月，研修负责人去工厂巡视检查"有没有什么变化"的时候，却发现什么变化都没有。

开始，讲师觉得是"自己的教法不够好"，可是想了各种办法，还是没有丝毫改善。于是，讲师就问参加研修的工人："大家每次都这么认真地听讲，在工作中为什么不去实施改善呢？"参加研修的工人回答："关于学习我们都觉得很有意思，也很有兴趣，但是去实施改善并不是我们自己的工作。"

与日本不同，海外的生产现场工作人员（工人）只是"制作东西"，"改善"这样的工作是公司管理层的事情。这一想法在生产现场工人的意识中非常强烈。工人们即使理解了"改善的意义"，也并不考虑把"改善"当作"自己的工作"。因此，即使在工作中发现并注意到了各种各样的问题，他们也绝不会成为"问题的责任人"，归根结底那还是"别人的事"。

于是，该企业积极推进改革员工的意识与认知，试图营造"大家一起改善生产现场"的企业文化环境。为了改善生产现场，就要让人人都成为"问题的责任人"，在工作中大家一起改善现状。改革结果使该企业的工作状态明显改善，员工的意识也有了变化，大家在工作中也都获得了成长。

会议最后要尽快告知大家有什么结论，这是为了让每一个参会人员都意识到自己参与了该结论的讨论，要在执行和实施中负起责任。同时，在制订行动计划时，角色分工是不可缺少的，因为参与计划的每个人都要成为"问题的责任人"。

为了达成目标和实施计划，无论什么事情都要这样去做。但更为重要的是要减少旁观者，让全体人员"参与计划与策划"，而不只是"单纯地参加"。为此，把人人都作为"问题的责任人"比什么都重要。

◎ 只有清楚计划才会负责执行

如果只是制订计划，那也是毫无意义的。

对于计划，很多人在制订时干劲满满地表示"好，干啊"，但是随着时间的推移，就会一点点偏离最初的愿望和想法，忘记了初心，最终计划的实施就很容易变成"不行"。

为了防止这种情况的发生，可以采取"计划的进展状况可视化"的措施。

众所周知，谷歌公开了几乎所有项目的信息，比如，"是谁""在做什么"等。除此之外，谷歌还有许多其他信息也都是开放的，就是为了让所有人都"看得见"。这对了解项目本身，以及对提升人们的兴趣度非常有用，同时对召集赞同者和合作者也非常有用。

如果把信息和问题置于显眼的位置，就会有助于聚集大家的智慧，推进合作。但如果没有人看得见这些信息和问题，就很难聚集智慧，合作之人也不会出现。

同样，如果计划在别人不知道的情况下秘密进行，那么问题就只能由负责此计划的人来解决。但是如果大家都看得见计划，那么在计划延迟和发生问题的时候，同伴就会伸出援助之手。

这虽然只是一个计划的可视化，但是如果每个员工都能更为详细地了解计划，员工就会认真承担各自的任务，负责任地去执行与实施。另外，在作息时间的日程安排上，同样要有责任感。由于一个人的延迟会给整体计划带来影响，所以大家要互相保持关心和关注，尽量做到不延迟计划，共同推进计划的实施。

公开计划的每个细节，不只是要让大家看到计划的实施情况，更是要让大家意识到计划的实施与聚集大家的智慧和力量密切关联，与每个人负责任地推进工作密切相关。

3. 目标只有实现才有意义

◎ 百说不如一干

提出了目标，制订了具体的行动计划，剩下的就只有出结果啦。丰田汽车的前任总经理奥田硕先生曾这样说过："我一边担任（经济战略会议的）委员一边想，在桌边口头论天下很简单，但是能不能实施才是重要的事情。比如，虽然建议有164项，但其中几项能实施才是最重要的。不管多么好的报告，如果只是写完就结束了那就没有意义了。虽然在公司里也说过这样的事情，并且当时有很多人斗志昂扬地说'与其说法百种，不如实践一次'，可是能去实际行动的人却很少。"

真正成功的团队，不在于它提出多么厉害的建议和制定多么高大上的目标，也不在于它制订多么漂亮的行动计划，而在于所有人认真完成所提目标的每个实施环节，大家获得成就感，然后向着下一个目标迈进。

对于广为人知的"PDCA 周期"，原本是"计划"（plan）、"执行"（do）、"评价"（check）、"改善"（action）的流程简称，而如今，已有人把它转换为"计划"（plan）、"延迟"（delay）、"中止"（cancel）、"道谦"（apology）的流程简称了。

这虽然是一种讽刺的说法，但也的确有人认同，"确实是这样啊"。的确，在现实工作中，有太多计划不能按照计划进行，经常被延迟，被遗憾地放弃。

这样的计划无论重复多少次都很难取得业绩，而且不会有结果，更不会增加团队的力量。

最重要的是，既然已经制订了计划，那就要好好地"完成"它，或者"看到其结果"。

◎ **完成计划的热情要坚持到底**

当然，如果提出的目标比较高，就会很难完成。虽说如此，也不要半途而废，重要的是看清楚结果，包括事情是好还是不好，是成功还是失败。

实际上，在实施很花时间的项目时，中途会产生"已经不行了吧"的想法，觉得"再这样做也是没有用的，还是放弃吧"的情况也不少。其实产生这样的想法并不奇怪。

但是，如果我们知道了托马斯·爱迪生[①]和史蒂夫·乔布斯的处事态度，就会清楚地看到计划完成或有结果之前不要放弃的重要性。就像爱迪生说的：**"我才不相信什么运气呢，幸运与不幸运我都不信。普通人尝试几次就会死心，但是我绝对不会放弃，直到这个目标的结果出来为止。认为自己不幸的家伙和我之间的区别就在这里。"**

正如爱迪生所说的，"最大的弱点就是放弃"，他绝对不会放弃，直到完成计划、达成目标、看到结果。正因为如此，他尝试去做 1000 次甚至 10000 次的实验，最后获得了成功。

---

① 托马斯·阿尔瓦·爱迪生（Thomas Alva Edison，1847 年 2 月 11 日—1931 年 10 月 18 日），出生于美国俄亥俄州米兰镇，逝世于美国新泽西州西奥兰治，发明家、企业家。他一生的发明共有 2000 多项，拥有专利 1000 多项。爱迪生被美国的权威期刊《大西洋月刊》评为影响美国的 100 位人物中的第 9 名。

　　同样，史蒂夫·乔布斯也在"麦金塔"计算机的技术开发上倾注了全部精力，且用了长达 3 年的时间。他评价那段经历说："依靠每月只能动一次的罗盘仪（指南针），就像在丛林中行走一样。如果我能成功就一定能够改变世界，如果我没有成功就要继续与不安战斗。我无法预估将到达的目的地是河流、山丘还是蛇洞。"

　　当然，并不是所有团队都进行着"改变世界"的战斗。而且在制订计划和目标后的实施过程中，经常有这样的情况：团队成员因为看不清楚计划能否顺利推进，或者不清楚计划的进展情况而倍感不安。

　　然而，越是在这种时候，越不能放弃，不能中途作罢，要始终明确目标。

　　既然制定了目标，完成目标才有意义。为此，首先要制订切实的行动计划，其次是绝不放弃地坚持到底。即使没有取得想要的结果，也不要半途而废，而是要有竭尽全力直至最后看到结果的勇气和信心。

4. 要制订计划但不要被其束缚手脚

◎ 过于依赖计划会错过难得的机会

为了引导团队走向成功，实现目标，制订行动计划，明确职责分担，踏踏实实地执行和实施计划是非常必要的。但另一方面，"不能被计划过度束缚"也是谷歌很重要的一个理念。

谷歌前 CEO 埃里克·施密特这样劝告今后以创业为目标的年轻人：**"即使没有完美的计划也不要紧，但是要牢记，需要更改计划以应对事业开展过程中出现的有关产品和市场的新事实。"**

当企业希望从金融机构和风险投资基金中获得资金时，详细的事业计划不可缺少。比如，强调自己产品的优势和市场前景，以 3 年或者 5 年为周期，评估并说明今后的销售额和利润。

如果做不到这一点，一般情况下资金回笼是不可能的，但就谷歌而言，即使没有事业计划，也聚集了众多投资公司和优秀人力。这一点也可以说是一个不解之谜。

在谷歌刚创立不久的时候，一个谷歌人对谢尔盖·布林说，"事业计划是必要的啊"，但布林只嘟囔了一句"那是什么"。后来，他说：**"虽然也曾想过要制订事业计划，但是基本上也没有人对我说过要看看我的计划。"**

在谷歌创业不久即成为其 CEO 的施密特也认为，计划**什么的怎么样都可以，不如碰碰运气吧。所谓成功，就是在机会来临之际，你已经做好了抓住它的充分准备。**

也就是说，比起周密细致的事业计划，如何迅速应对眼前出现的变化更为重要。

但是，这里有一个条件。也就是说，如果没有计划，那么就要有一个坚定的愿景和对未来的展望。

谷歌虽然没有缜密的事业计划，但是因为有"整理全世界的信息，让全世界的人都能平等地访问网络"的理想，所以能够迅速应对变化。谷歌的这个理想能引发优秀人才的共鸣，使他们聚集在一起，进而吸引风险投资家为其投资。

总之，"不要计划"不等于"漫无计划"，朝着最初的理想一直快速向前推进，这就是初心，这就是有意义的。

在施密特看来，当市场变化的时候，比起是否有最初的计划，更重要的是能否迅速应对当前的变化。在这个时候，如果坚持"这是一开始制订好的计划，按照计划行事"而把变化拒之门外，被以前的计划束缚住，就会失去好不容易得来的机会，从而失去巨大的成果。

◎ 要制订计划，但不要忽略"修订计划"

施密特本身也没有否认"制订计划"的重要性，但他更重视对计划的修订。

亚马逊的创始人杰夫·贝佐斯由于其认真的性格，在创业前就制订了长达数十页的周密的事业计划，但亚马逊创办后他却说开始制订的计划对现实没有什么帮助。

贝佐斯解释道，在变化快速的互联网时代，新事物接二连三地出现，该做的事情一波接着一波地出现，我们不能被最初制订的计划束缚。

就像施密特所说，在剧烈变化的时代，如果被"比干燥的墨水腐化得还快的传统事业计划"束缚，就会错过好不容易得来的机会，落后于时代的潮流。

虽说如此，但也不是说制订计划是徒劳的。为了达成某些目标，制订相应的计划是必要的，通过制订计划可以清楚地判断在目标达成上有什么不足，存在什么问题。

问题是，计划本身花费了太多的时间，关键性的执行却落后了。

也就是说，在当今时代，制订"是谁、要做什么、要什么时候完成"这样的实践性计划是必要的，全力去执行计划也是理所当然的，但在实施计划的过程中，会产生各种各样的变化。这时候，不要"被计划绑架"，而要"迅速地变更计划"。虽说可能会因为变化多次返工，但正是这样的反复才是达成目标不可缺少的重要环节。

为了引导团队走向成功，团队目标、职责分工和行动计划的明确性是不可或缺的。同时，也要牢记，为了达成目标，必须弹性灵活地变更或修订既定的计划。

第 5 章
引领团队走向成功的法则之四：
充分理解工作价值

Google Team

如果感到"团队不发挥作用"了，请确认是否有以下的行为特征。另外，以下几点也是思考"工作价值"的重点。

☐ 你是在一边思考"工作价值"一边工作吗？

☐ 你向成员传达"工作价值"了吗？

☐ 你的成员了解"这个工作是为了什么而做的"吗？

☐ 你了解企业的"价值观是什么"吗？

☐ 你的成员正确理解企业的"价值观是什么"吗？

☐ 你和你的成员对自己公司的产品有没有表现出浓厚的兴趣？

☐ 你为了自身的成长而关注投资吗？

1. 工作价值因人而异

◎ **工作价值取决于工作价值观的改变**

引领团队走向成功的法则之四是充分理解工作价值，即每个成员都要找到自己的工作意义或价值。

对被委派的工作任务，找到正确的处理方法，发现其中的意义和价值，会让人发生很大的变化。

彼得·德鲁克曾讲过一个被多次引用的关于石料厂凿石头的三名工人的故事。有人对在同一个地方做凿石头、堆石头这样艰苦工作的三名工人进行了询问："你在干什么工作呢？"三个人有三种不同的回答。接下来我们看看这三种不同的回答。

第一种回答：这是既让人腰痛又很艰辛的工作，但还得靠这个维系生活啊。

第二种回答：我做着自己最擅长的采石工作啊。

第三种回答：这些石头能够建造出漂亮的教堂，真是太让人幸福了。

在这三个人中，只有第三个采石工人回答的同时眼睛闪耀着光芒，带着进入梦想的心情仰望着天空。因为他找到了属于自己的工作价值。

如何理解工作价值，是人与人之间的差别所在，不同的想法会带来不同的结果。

另外，工作价值不仅取决于每个人对自己工作的认识，还取决于他的上司和师兄、师姐对他的不同指导方式。

介绍一位30岁左右的丰田人A先生初进丰田汽车公司时的小故事。A先生进入丰田汽车公司后，首先被分配到技术部做有关变速器振动实验的工作。有一天，上司问A先生："请思考一下，你工作的目的是什么，你为什么而工作？"

在此之前，A先生从来没有考虑过这样的事情，就说"为了测量振动，那个"，然后就语塞，说不出话来了。

上司说："你这就是将目的和手段混为一谈了。"

然后上司继续说："目的是为了工作的乐趣，为了完成这项工作而感到自豪！如果你身边有人接受你所做的工作，并为你所做的工作感到满意，这就是同伴对你工作的认同，这些都与你的工作乐趣紧密相连。"

对当时的 A 先生来说，上司这样的解答实在是太令他意外了。在意识到"工作的乐趣"后，A 先生在接下来的工作过程中，通过变速器的振动实验，不仅在企业内部为汽车的静音性能和稳定性能做出了自己的贡献，还为购买汽车的客人提供了高质量的汽车，可以说是实实在在地感受到了工作的乐趣。

从那以后，A 先生不仅时常提问自己，还对新来的员工提出了同样的问题，让大家一起理解并相信"工作价值"与"工作的乐趣"是密切关联的。

◎ 从"卖车"到"追寻记忆的痕迹"

非常喜欢"三名采石工人"故事的顾问 B 先生，在为汽车销售企业培训时，重新提及了关于工作价值的问题，这对提高员工的工作积极性发挥了很大的作用。

当初 B 先生认为，汽车产业是日本的骨干产业，销售企业的员工想必也很自豪，因为大家做着引以为豪的工作。实际情况却是，他们在价格竞争中疲惫不堪，对自己的工作很难有成就感。

日本汽车的品质是附带质量保证书的，无论是哪家企业的哪款车，无论是从哪一位销售人员手里买的，品质都不会有太大的差别。因此，用多少钱回收，能降多少钱，有什么优惠选择，能添加什么赠品等，就变成了一场价格论输赢的交易战。

而且，现在的日本年轻人有"远离汽车"的趋势，也有因年龄而"停止驾驶"、长年乘车的老年人。在这种情况下，"卖车"绝不是一件容易的事情。所以，不同于第三名采石工人，汽车销售人员对自己的工作总是有一种不得已而为之的态度，他们发出了"为了生活要加油""虽然很累，但是为了生活没有办法啊"等感叹。

因为找不到自己的工作价值，所以他们提高工作效率的动机也就没那么强了。

在继续研修的过程中，在参加研修的人们中间浮现出这样一个话题——汽车曾经是编织家人回忆的重要物品。确实，以前，在父亲休息的日子里，一家人开车出去兜风，去游乐园等地方拍一些纪念照片等全家休闲活动是常有的事情。以此为契机，一位研修人员说道：**"把车当作'珍贵回忆的一页'装饰起来，作为特别好的存在传递给客人怎样呢？"**

受到这个想法的启发，参加研修的工作人员在思考工作价值方面发生了一些变化。有些员工在卖车签约或交车时，给车和客人拍个合影，并把照片贴在相册上，作为一个小小的纪念，在一个月后的车检时再交给客人。相册上，前一页贴着好几张购车时拍的照片，后面是空白页。据说那些员工在相册的空白页为客人灌输的想法是，**请用这辆车创造出满满的美好回忆。**

把这样的相册交给客人，当客人开车与家人一起出去游玩拍了些照片后，就想把这些照片贴在相册上。从那以后，对该企业的员工来说，"卖车"虽然也是"为了生活""为了企业"，但与此同时，也拥有了"编织客人的回忆并传递给客人"的绝妙含义。

当然，并不会因为这样的方法"卖车"工作就不辛苦了，但是，让工作有了新的意义和价值，会使员工对自己的工作产生自豪感，从而对工作的态度和自身努力程度也就会发生很大的变化。

在我们的工作中，工作价值发挥着很大作用，同样，每个人的思考方式也很重要。为了引领团队取得成功，不要让团队成员产生"被上级命令去做"的消极思想。只有团队成员充分理解了"这项工作是为了什么"，理解了自己的工作价值，才有可能实现团队目标。

2．既是科学家又是艺术家

◎ 企业有不好的模式

　　谷歌和微软的企业风格差异很大，谷歌和苹果却有着相似之处，其中之一就是对员工意识的培养。

　　开发"麦金塔"计算机的时候，史蒂夫·乔布斯召集研发团队举行了签名会，并将签名刻在"麦金塔电脑"盒子的内侧。史蒂夫·乔布斯认为，像艺术家在自己的作品上签名那样，创作出优秀作品的工程师和程序员也有资格在自己的产品上签上自己的名字。

　　乔布斯经常对年轻的工程师说"做艺术家吧"，要求他们用艺术家的灵魂来开展工作。一位当时团队里的研发成员回顾说："与其介意'麦金塔'计算机竞争之事，倒不如根据艺术的价值观展开工作。"结果，不仅工程师的能力得到了提升，而且"麦金塔"计算机无论在技术上还是艺术上都变成了当时最好的产品。

　　谷歌也有同样的价值观。根据制作"谷歌新闻"的克里什娜·巴拉德的介绍，我们了解到，谷歌有名的"20％规则"的目的，是使员工们认识到自己"既是科学家又是艺术家"的方式之一。这种"既是科学家又是艺术家"的想法，应该是布林和佩奇在斯坦福大学学习时受到的影响。因此，在谷歌创办之际，以"工程师的乐园"的企业文化为目标也是理所当然的事情了。佩奇对"企业有不好的模式"的现象是这样说的："**在技术企业中，参与实际工作的工程师、程序员等步兵们，经常会被经营层摁住脖子（被压着抬不起头），而经营层在技术方面大多不是很强，这是最糟糕的企业结构图。如果程序员、工程师、计算机科学家的上司是对技术不熟悉的人，其指示就会偏离目标或主题，结果就会制作出偏离靶子（目标）的产品，计划的初心就会破灭。重要的是，要建设一种能够增强该领域科学家和工程师能力的企业文化，要让真正了解他们工作的人成为他们的上司或管理者。但是一般的企业并非如此。**"

◎ 卓越的价值观会聚集优秀的人才

改变企业的价值观，企业确实会发生变化。但比起产品的改变、销售额和利益至上主义的改变，以及员工的聘用方法和升职方法的改变，因价值观的改变发生的变化最大。

被史蒂夫·乔布斯选中、从百事可乐跳槽到苹果公司成为 CEO 的约翰·斯卡利在入职苹果公司后，最吃惊的是，在百事可乐注重"赢得竞争""赚多少钱"是最普通不过的常识，在苹果公司竟然没有人关心。苹果公司关注的是聚集优秀的人才，研发出色的产品。

正因为如此，苹果公司非常重视"既是科学家又是艺术家"这一理念。如果苹果公司的这一价值观发生变化，转而去重视销售额和利益，乔布斯也不可能说出那样"超凡脱俗"之言。总之，为了把工作价值从"为了生活""为了公司"的水平中提升上来，企业自身要好好地问一问自己是否要遵循这样的理念，以及为什么要遵循这一理念。

2001 年，离开白宫后担任谷歌专家兼顾问的美国前副总统艾伯特·戈尔就谷歌的"卓越价值观"这样说："重要的是，要创造价值观共同体和更好的世界企业姿态。当人认识到不能单纯为了自己的收入、企业的业绩和利益而工作的时候，就会将自己潜在的创造力发挥到极致。认识到自己所做的工作就是为了把世界变得更加美好，这并不是仅用心情舒畅就能言表的东西。"

在卓越的价值观之下，优秀的人才方能聚集起来。谷歌为这些优秀的人才准备了"既是科学家又是艺术家"的"工程师乐园"，对在那里工作的人们，与其说工作是"为了金钱""为了出人头地""为了公司"，还不如说是"为了更好地改变世界"。

为了引领团队走向成功，思考工作是"为了什么""为了谁"这样的问题十分重要。方向不明的工作往往容易变成徒劳、目的不明确的工作。要让没有工作目标的人理解工作价值是比较难的，因为他们大部分人认为自己与所做工作的价值毫不不相干。所以思考工作价值，成为提升每个人工作价值的契机，也成为激发每个人与众不同的构思与智慧的契机。

3．制造自己爱用的东西

◎ 你对自己公司的产品有眷恋之情吗

我们在上一节中提到，在工作中思考"为了谁"很重要，当"为了谁"变成了"为了自己""为了身边的人"的时候，工作就变得有意义和价值了，人也因而获得了努力的动力。

譬如，日本的某家电机制造厂接连不断地制造出改变世界的惊人产品，这家企业的员工就是从自己想要的东西出发，运用专业技术制作完成了高价值的产品。就这款产品对消费者进行提问："这款产品如何？"消费者表示："太喜爱这款产品啦。"就这样，社会上掀起了一股购买这款产品的热潮。

索尼的随身听曾是世界上非常受欢迎的产品，而这只是创始人之一的井深大先生，在出差的旅途中为了享受高音质的音乐，将索尼产的录音机和耳机偶然组合而成的产品。随后，另一位创始人盛田昭夫道说："这个很好！难道我们不做吗？"于是，随身听就登上了世界舞台。

最好的产品不是通过营销调查产生的，而是通过努力去创造自己真正喜爱的东西，创造从心底觉得"如果有就好了"的东西中产生的，它在人们努力想办法完成的过程中应运而生。所以重要的是，我们要非常喜欢自己制作的东西，还要有想制作出更好东西的想法。

然而，随着企业越来越大，这种意识渐渐淡薄。如果不是因为自己真正喜爱而创造产品，而是"因为其他公司在制造""因为现在很畅销"这样的理由而制造产品，那只会生产出"比其他公司的产品稍微好一点"的东西，而不可能诞生"卓越"的东西了。

◎ 为"自己的制作"加油

最初，谷歌的两名创始人想做的事情并不是创办企业，而是对当时的搜索引擎技术十分不满，想制造出对他们自己来说真正意义上的既方便使用又能起作用的东西。结果他们也确实制造出了自己想要的东西和想使用的东西。

比如，在谷歌的页面搜索栏输入关键词，出现的内容不是广告优先，而是能够准确显示出自己想知道的信息。将人们想知道的东西在 1 秒内展示给搜索者，这才是快捷方便的搜索引擎。

如果当时有人能对他们创造出的搜索引擎有兴趣，他们应该不需要创业。但是，当时谁都没有对其表现出那样的兴趣与关注，"那就只有自己做了"。为此，他们可以说不顾一切地拼命，"1 天 12 小时、1 周 6 天的工作状态已是常态"。

同样，制作出"谷歌新闻"的克里什纳·巴拉德，在印度生活时就非常喜欢新闻，自称"新闻瘾君子"。他以美国同时发生多起恐怖袭击事件的"9·11"事件为契机开始思考："能否广泛地了解许多不同的观点呢？"这也是谷歌新闻开发的出发点。正因为有了想更多地展现喜爱阅读的新闻、不同观点的新闻、能有"自己想法"细细阅读的新闻的想法，克里什纳·巴拉德解决了许多问题，从而制造出了非常出色的产品。

那么，如何做到"为了自己""制作自己爱用的东西"呢？史蒂夫·乔布斯是这样表述的：我觉得，人越是上了年纪，就越能感觉到动机的重要性。苹果之所以获胜，是因为我们每个人都特别喜欢音乐，大家是为了自己制造了 iPod。如果为了自己，或者为了自己的朋友和家人而努力，就会采取适当的措施。如果不是为了自己特别喜爱的东西，就不可能再多付出一点点努力。如果我不热爱音乐，即使自己有坚持下去的念头，但最后也可能连一个星期都坚持不了。

乔布斯努力的出发点便是如此，因为对现状非常不满，所以他努力制作自己"想要的东西"和自己"爱用的东西"。

比如，他研制 iPhone 的出发点是"想制造自己想用的电话"。对于这个想法，如今很多人回想起来还都感到非常兴奋，可现在，"没那么有干劲，目的性也没那么强啦"。

◎ 工作价值产生正能量

谷歌和苹果两家企业的这种姿态，才是引领团队走向成功的关键。工作中"为了谁，为了什么"这样的工作价值非常重要，如果再加上"为自己制作非常了不起的东西"，就会产生奇特的正能量。

工作不仅"为了钱""为了生活""因为上司这样说了"，还要再加上"工作价值"，就是"为我们自己制造了不起的东西""为客人制造了不起的东西"，这样就不会马虎了事，或许还能"再加把劲"。

团队领导应该做的事，就是要让每个员工都好好地认识到工作价值。只要大部分人都能够努力，即使出现小小的困难也能设法跨越过去。

4．20％规则可以成就自我投资

◎ 20％规则究竟为何而存在

谷歌的工作方式经常被拿出来举例的就是"20％规则"。这个规则和赚钱相关，与成为热门商品无关。20％规则首先提出"有创意的话就做出东西给我们看看吧"，然后再给予助力并推进。工程师们允许自己充满热情，允许自己尝试并让自己的想法成形，然后给予自己奖励。

在布林和佩奇看来，为了确立正确的企业文化，维持并提升企业文化，还为了让优秀的工程师提出革新的想法，这样的规则是十分有效的，也是不可缺少的。

20％规则也可稍有不同之处，比如丰田公司生产方式的改善为什么会与员工的工作价值联系在一起呢？是因为"已经被决定的"会变为"自己决定的"。

　　在生产现场有被称作工厂作业标准的工作方法，最初的作业标准对员工来说是"被决定"的东西，最后却可以变成"要遵守"的东西。

　　虽然也有人对作业标准表示反对，但他们还是按照作业标准来工作，并在感到"这里不好做"的地方，提出"要是这样做就好了"的建议来改善作业方法。于是，"已经被决定的"就成了"自己决定的"，变成了"既然是自己决定的，就要好好遵守啦"。

　　也就是说，虽然是按照工作标准在工作，但要将工作标准转变成自己的思考，就要在工作中下功夫、想办法。这样一来，产生工作价值也就是理所当然的事了。

　　人们将自己的智慧和独创性添加到"告知"和"标准"上，进而提出独创的见解与好点子，并由此感受到工作的价值。

　　即便谷歌为了赚取利益，也应该有自己公司的日常工作，而谷歌的日常工作就是，每个人都有自由的时间改变自己的想法和工作价值，这样做的目的就是为了连续不断地搞创新。

◎ 切勿忽略为自己投资

实际上，谷歌从 20% 规则中诞生的项目有几百个在同时运作，而参与这些项目的员工的状态超过了其所属部门的员工，在资金方面，谷歌也为优秀项目进行了财务备份。

很多企业都希望员工搞创新，但有的企业为什么没有产生创新之事呢？就这一点某位谷歌人严肃地说：**"创新之所以失败，是因为他们没有调整产生创新到完成创新的过程。"**

为了把想法变成有形的东西，首先有必要尝试着去实践一下，此时人和资金都很重要。如果没有一个启用它们的机制，那么即使是一个好的想法也将不得不消失。

在谷歌，有 20% 的规则与常规工作是分开的，它们被允许把创意实践成有形的东西，并且产生的创意可登记在数据库，谁都能自由查阅，谁都能提出建议和批评。另外，谷歌还为受到高度支持的创意和想法提供资金和人力。

其他企业并不是没有想法，问题只是没有形成那种机制以及后援的组织机构。谷歌包含这样的组织机构，大家对自己正在做的事情都能找到工作价值。有了这样的组织机构，无论是正规的团队，还是20%超常规的团队，都能取得坚实的成果。

除了创新，"花费一部分时间为自己服务"，对自己的成长也具有重要意义。"世界第一投资者"沃伦·巴菲特曾说，**首先让自己成为客户，然后为了客户应该好好工作，一天至少应该为自己安排一个小时的自由时间。**

比如，一天中把早晨的时间用在自己的学习上，可以一点点地扩大自己的能力范围，像这样的积累能让人快速成长。人们为了"自己的未来"而花费时间，并把理论运用到实践当中，其成长的速度也会产生意想不到的变化。

每天忙于工作，不知不觉就会迷失工作价值，会随波逐流。这个时候，如果能像谷歌那样把工作时间的20%安排给自己的创意和自己热衷的事物，就可以重新思考工作价值了，"20%的研究项目"也许还能帮助我们找到其他的工作价值。

引领团队走向成功的法则之一，就是团队中的每个人都要充分地理解"工作价值"之所在。

　　为此，每项工作都要认真思考、认真提问："这个工作是为了什么，是为了谁?"切记，这一思一问在工作中不可缺少。

　　另一方面，也是至关重要的一点，就是在你找不到"这个工作是为了什么，是为了谁"的答案时，就要像谷歌的 20% 规则那样，为自己热衷的事物花一些时间，努力找到新的工作价值。

如果感到"团队不发挥作用"了，请确认是否有以下的行为特征。另外，以下几点也是思考"工作影响力"的重点。

☐ 你是否在清楚地考虑自己，而不是被动地追求目标？

☐ 在设定目标时，你是否试图挑战那些不容易获得的东西？

☐ 为了成员共享目标，你是否以一种容易理解的方式多次传达目标内容？

☐ 你让成员看到你自己的"想法"了吗？

☐ 你的成员清楚地理解你的"想法"吗？

☐ 你有没有向成员们谈论过"梦想"和"浪漫"？

☐ 你是否认为有时需要用梦想和浪漫来组建一支团队？

1. 谷歌的野心是让世界变得更美好

◎ **史蒂夫·乔布斯的语录激发人的干劲**

人的干劲什么时候能从内心深处被激发出来呢？是获得巨大报酬或晋升的时候吗？虽然这些时候也会产生动力，但是，比这更让人有干劲的时候应该是，自己所做的工作对公司甚至对社会来说产生巨大影响力的时候。

史蒂夫·乔布斯已经巧妙地掌握了这种心理。

众所周知，苹果公司在物色新 CEO 人选时，向 38 岁就担任百事可乐业务总裁，第二年便使百事可乐超越可口可乐成为全美第一的出色经营者约翰·斯卡利抛出了橄榄枝。斯卡利是未来的百事集团董事长，是备受瞩目的人物。不管苹果公司是发展多么迅速的企业，舍弃稳定的大企业高层地位对谁来说都会犹豫不决。这时，乔布斯对迷茫犹豫的斯卡利斩钉截铁地说："**在你的余生中，是想一直卖糖水呢，还是想改变世界呢？**"

当然，苹果公司为斯卡利提供的条件是特别优厚的，但对斯卡利来说，乔布斯所说的有关"改变世界"或者"创造未来"的话实在是太有魅力了。由于抵抗不了如此诱人的魅力，最后，斯卡利决定到苹果公司任职。

即使不是像斯卡利这样的大牌选手，乔布斯也会通过强调工作的影响力的诱人魅力来寻找自己想要的人才。

在苹果公司成立之初，他们想聘请一位名叫麦克·赫巴利的工程师，但是这位工程师直接拒绝跳槽。然后，乔布斯就把赫巴利带到苹果公司的研究室，一边让他看代码板，一边对他说："**你想想看，你写的代码将替换这里的所有代码，想想我们卖出的机器，你的工作将会在社会上广为人知。**"

通过工作获得金钱和地位确实很有吸引力，但更重要的是"改变世界""为世人所知"，"让自己的工作产生巨大的影响力"是任何事物都无法替代的诱人之处，也是增强动力与干劲的好方法。

◎ 谷歌一开始就想成为焕然一新的公司

在"让自己的工作具有重大影响力"方面，谷歌的创始人从非常早的时候就有了这一工作意识。

1999 年，谷歌的两位创始人发布了一条信息："我们正在聘用能为网络带来最新且最佳技术的优秀人才。"里面列举了几个"在谷歌工作的理由"，其中一个理由写道：**数百万人都可以使用你编写的软件，并感谢你编写出来的软件。**

后来，加入谷歌的埃里克·施密特谈到对当时的谷歌的看法时表示：**"我也和大家一样，认为谷歌将会成为在社会上具有重大影响力的公司。而两位创始人从开始就认为谷歌将会成为现有社会中焕然一新的公司。"**

为什么会是这样子呢？拉里·佩奇是这样讲述的："如果你掌握了搜索方法，那么无论什么样的问题都可以提出来并能找到答案，最基本的是制造出这

种什么都可以解决的搜索引擎。"

的确，检索技术得到发展的话，人们将拥有以前从未得到过如此多的信息的体验。但前提是，要让世界上的每个人都能平等地获取信息，从而不断提高人们的思考力和判断力。

毫无疑问这是一种"进步"。谷歌之所以能走得更远，是因为在创业之初两位创始人就表明了一种想法：**"我们热切希望谷歌成为使世界变得更美好的机构。"**

也就是说，对谷歌来说，从创业之初起，终极的搜索技术就在于，使全世界的人都能平等自由地访问所有信息，进而使世界变得更加美好。作为"工作影响力"，这是极其罕见的，这也是谷歌从开始就聚集了优秀的人才，并且能够鼓励这些人才忘我地努力工作的原因。

2. 雄心勃勃的理想使人着迷

◎ **宏伟的理想有吸引优秀人才的力量**

　　"如果聚齐了合适的人才并具有宏伟理想，理想基本都将变成现实。"

　　这是谷歌前 CEO 埃里克·施密特的名言，他这句话的重点是，聚集优秀人才的团队，定会取得出色的成果。

　　为了取得更好的成果，聚集优秀人才的团队的凝聚力与热情是不可或缺的，但只有"工作影响力"能使这些核心的想法成为可能。员工能够感觉到自己做的事对组织内部和整个社会都产生了巨大的影响力，这比起拥有金钱和出人头地具有更大的吸引力，并且可以激发人们的创造力。

　　当初，史蒂夫·乔布斯中途离开苹果公司以后，创办了新公司 NeXT，收到大量求职者的应聘简历，NeXT 公司得以从大量求职者中优中选优。关于当时的 NeXT 公司，前任职员这样回顾：**"具有出众才能的人才接二连三地拥来，大家都想在史蒂夫的身边主动承担一份工作任务。"**

如果他们寻求的是管理部门的岗位，那么需要拥有哈佛学位；如果他们应聘工程师，那么只有天才人物才会被聘用。但是，据说大家都满怀自信地说："在能够证明自己可以改变世界的人的领导下工作，我们也会改变世界。"

实际上，NeXT 公司虽然没有用笔记本电脑改变世界，但是他们创造了出色的操作系统，这些成果后来被苹果公司采用。之后，NeXT 公司的许多人跟随乔布斯一起来到了苹果公司，为苹果公司的飞跃发展奠定了良好的基础。

◎ 以 10 倍的规模思考

当然，在对社会产生巨大影响力方面，谷歌也不会输。

正如前文所述，其他公司提出的"行业第一"并不是谷歌的目标，对谷歌来说，"成为第一"是理所当然的事情，而朝着明知道无法完成的目标努力才有意义。

2003 年，布林和佩奇访问以色列高中时被学生们问道："谷歌是你们职业生涯中的顶峰吗？"布林回答道："**我认为这是我未来 20 年想完成的目标的最低点。但是，谷歌能做到这些，我还不算太失望。**"

听到布林说完这句话，佩奇补充道："**我很失望，我们今后还有巨大的发展潜力。**"

第二年，谷歌公开了股份并上市，作为创始人的他们进入了世界富豪的行列，谷歌也走上了正轨。应该说，作为个人来讲，他们都取得了很大的成功，尽管谷歌这样的企业已经让人很吃惊了，但是在此前一年，30 岁的他们还说："这是我们今后想要完成的目标中的最低点。"实际上，之后的谷歌通过安卓操作系统完全改变了全球移动市场，并为未来成为自动驾驶技术的引领者而努力着，而如今它也确实对庞大的汽车市场产生了巨大的影响。

拉里・佩奇有这样一句口头禅："**让我们以 10 倍**

的规模思考吧。"

根据佩奇的说法，平庸的事情是从不至于要命的小赌注中诞生的，而"雄心勃勃的梦想"更容易变为实现。

其理由是，只有很少一部分人才能描绘出野心勃勃的梦想，而且几乎没有人真正去挑战这样的梦想。也就是说，正因为竞争对手相对较少，并且聚集了"试着干干看"的优秀人才，所以才很容易向前迈进，从而让梦想成为现实。

谷歌"以10倍的规模思考"的想法被广泛地渗透到了企业的各个角落和每一位员工身上。根据施密特的说法，不仅仅是工程师，就连负责销售、财务等业务人员也经常将"以10倍的规模思考"挂在嘴边。正因为谷歌以这样的规模和格局思考，才能继续以"出乎意料的高度"为目标。

◎ 浪漫可拉动团队

当引领团队走向成功时，领导者需要大胆地设定目标。丰田汽车雷克萨斯日本营业部的负责人横井靖彦先生说道："**能达到什么水平，取决于最初的格局。**"

也就是说，如果领导者最初设定一个没有格局的低小目标，那么成员就会在安逸之道上行进而不努力。如果领导者一开始就抱有远大的志向，那么成员也会拼命努力，从中感受到工作的价值，团队也能够无限地接近更高的目标。对此横井先生说："**最终能笼络人心的，是一场浪漫。**"

为了引领团队走向成功，强有力的领导力是至关重要的。但是，如果每个人很勉强地听从一两次，那么团队的成功绝不会持续很长时间。因此，在强硬的语言中加入另一种风格的话语，比如，"我想做一做这样的事""我想完成这样的事"等，且这些想法能与所有人共享，团队才会团结一致并且变得更为强大。

在丰田汽车的生产车间里，在向无须查看是否漏水这道检查工序的"漏水报警器"发起挑战时，发生了一件事。之所以需要检查，是因为不知道生产过程中的哪道工序出现了问题。但如果检查工序能彻底改进的话，漏水的可能性就会消除，最终的检查就不需要了。尽管如此，员工们对取消漏水工序检查的不安情绪也很强烈，在有人提出了"行吗"时，现场的领导说了这样一句话：**如果能做到这一点，恐怕这在全球也是独一无二的，难道我们不去挑战一下吗？**

领导这一热情洋溢的话语在员工间传递开来，由于领导者把这一激情传递给了在现场工作的员工们，整个工厂的员工都参与了这项活动，所以最后成功实现了目标。

当然，并不是每个人都像乔布斯、佩奇那样能描绘出宏伟的理想蓝图，在每天忙忙碌碌的工作中追求这些确实是比较勉强的。可虽说如此，仅仅"因为公司已决定的事"而去完成所有的工作，用一种不紧不慢的态度去处理所有的工作，哪里会有什么梦想和浪漫呢。

领导者必须好好地传达和共享给成员"这份工作有着怎样的价值"，另外还要好好地传达"这些工作对团队中每位员工的成长有着怎样的意义和价值"。总之，领导者需要与每位成员交流和分享工作的价值，以及对其成长的意义。

有一种说法是"想法可视化"，领导者不仅要指导工作，毫不拖延地推进工作，还要让所有成员"看得见"领导的"想法"，并且要一遍又一遍地重复该过程以得到成员的"理解与认可"。这样一来，成员们了解了领导的想法，了解了自身的工作价值和影响力，便会为实现目标全力以赴。

即使我们拥有机械和设备，有人手并投入了材料，但也未必能做得出好产品来。因为企业为了生产出优秀的产品，需要在企业工作的每个人都齐心协力、团结协作、出谋划策。团队不单单要聚集一群人，还要团队里的每个人都相互信任、相互合作。只有大家共同分享工作价值和影响力，才能创建一支好的团队。

为了创建一支好的团队和强大的团队，首先要了解"团队需要什么"并付诸实践，这比什么都重要。

参考文献

『How Google Works（ハウ・グーグル・ワークス）私たちの働き方とマネジメント』エリック・シュミット、ジョナサン・ローゼンバーグ、アラン・イーグル著、土方奈美訳、日本経済新聞出版社

『Googleの哲学 世界一先進的な企業がやっている40のこと』牧野武文著、だいわ文庫

『あなたの生産性を上げる8つのアイデア』チャールズ・デュヒッグ著、鈴木晶訳、講談社

『世界最高のチーム グーグル流「最小の人数」で「最大の成果」を生み出す方法』ピョートル・フェリクス・グジバチ著、朝日新聞出版

『グーグルが描く未来 二人の天才経営者は何を目指しているのか？』リチャード・L・ブラント著、土方奈美訳、武田ランダムハウスジャパン

『グーグル秘録 完全なる破壊』ケン・オーレッタ著、土方奈美訳、文藝春秋

『Google誕生 ガレージで生まれたサーチ・モンスタ

ー』デビッド・ヴァイス、マーク・マルシード著、田村理香訳、イースト・プレス

『グーグル革命の衝撃』NHKスペシャル取材班、新潮文庫

『ザ・サーチ グーグルが世界を変えた』ジョン・バッテル著、中谷和男訳、日経BP社

『グーグルで必要なことは、みんなソニーが教えてくれた』辻野晃一郎著、新潮社

『グーグル 10の黄金律 天才が集まる会社の仕事術』桑原晃弥著、PHP新書

『浜田広が語る「随所に主となる」人間経営学』浜田広・大塚英樹著、講談社

『トヨタのリーダー 現場を動かしたその言葉』若松義人著、PHPビジネス新書

『泣く子もほめる!「ほめ達」の魔法』西村貴好著、経済界新書